孩子自己就能读的
科普小百科

地理

青藏高原曾经是一片汪洋大海？

少年得到 编著

童趣出版有限公司编　　人民邮电出版社出版
北　京

图书在版编目（CIP）数据

孩子自己就能读的科普小百科. 地理 ：青藏高原曾经是一片汪洋大海？ / 少年得到编著 ；童趣出版有限公司编. -- 北京 ：人民邮电出版社，2024.1
ISBN 978-7-115-61901-3

Ⅰ. ①孩… Ⅱ. ①少… ②童… Ⅲ. ①科学知识－少儿读物②自然地理－世界－少儿读物 Ⅳ. ①Z228.1 ②P941-49

中国国家版本馆CIP数据核字(2023)第098882号

编　　著：少年得到
责任编辑：李　茹　李　想
责任印制：孙智星
封面设计：韩木华
排版制作：北京沐雨轩文化有限公司

编　　：童趣出版有限公司
出　　版：人民邮电出版社
地　　址：北京市丰台区成寿寺路11号邮电出版大厦（100164）
网　　址：www.childrenfun.com.cn

读者热线：010-81054177　　经销电话：010-81054120

印　　刷：天津市光明印务有限公司
开　　本：710×1000 1/16
印　　张：6.75
字　　数：180千字
版　　次：2024年1月第1版　2024年1月第1次印刷
书　　号：ISBN 978-7-115-61901-3
定　　价：29.80元

序言

孩子们的好奇心有多强？他们的思想天马行空起来，可能比星空和大海还要无边无际。他们能问出什么问题，家长们往往是难以预料的。那么，怎么才能解答他们无穷无尽的疑惑，让旺盛的好奇心一直伴随他们成长呢？最好的办法就是给孩子们一双探索的翅膀，让他们用自己的眼睛和头脑去寻找藏在知识宇宙里的答案。

少年得到在 App 里设置了一个王牌栏目《每日新知》。自 2018 年以来，《每日新知》栏目每天都会更新一条趣味知识，解答一个孩子们好奇的问题，至今已经更新了 2000 多条。这个栏目深受孩子们的喜爱，累计收听量高达 9000 多万次。这套书就是从这 2000 多条问题里精选出 400 条很热门、深受孩子们欢迎的问题编纂而成的。

那么，选入我们这套书里的问题有什么特点呢？

第一，这些问题是孩子们自己提出的“真”问题。我们的评论区几乎每天都会有成百上千条孩子们的留言，这些发自孩子们内心的“真”问题，让许多闭门造车的“假”问题相形见绌。孩子们喜欢比来比去，打听各种“世界

之最”“历史之最”，也喜欢问一些天马行空的怪问题，比如，鱼会直接尿在水里吗？海里为什么有那么多盐？仔细想想，这些问题还真是只有孩子们才问得出来。

第二，这些问题是现代孩子们关注的“新”问题。乐高积木的“乐高”是什么意思？怎么给银河系“称体重”？埃菲尔铁塔里还有个秘密房间？这些问题的答案不是传统意义上百科书里会写的“知识”，而是紧跟时代和社会的变化，满足孩子们在现代社会里对新内容、新领域萌生的好奇心的知识。

第三，这些问题有科学、准确的“好”答案。《每日新知》栏目的编辑和作者团队里藏龙卧虎，这里不仅有果壳网前总编辑等人坐镇，还有中国科学院各所的专家对知识点进行严格把关，实现“双保险”，让孩子们的问题都能得到严谨、准确的回答。

满足孩子们的好奇心和求知欲，最重要的还是要培养孩子们探索和阅读的兴趣。在这套书里，我们特别为 3~6 岁的孩子们设计了适合他们阅读能力的文本和注音，配上了精美、科学的插图，让孩子们可以没有障碍地独立阅读，自由探索。

此外，按照《每日新知》栏目的“小传统”，我们在每个问题下面都会再提一个新的问题，让孩子们自由地发挥想象力，写下自己的答案。他们会写下什么呢？结果往往远超大人的想象。因为我们相信，好奇心会激发求知欲，问题不断，回答不断，成长不断。

赵 地
少年得到
《每日新知》栏目 主编

目录

第一篇：大自然的魔法 2

第二篇：大自然的坏脾气 24

引言

地球是我们的家园，这里有高低起伏的各种地形，有大气、土壤、水等各种物质，还有花草树木等各种植被。地球上的这些地形、物质是怎么形成的？它们会产生什么现象？地球的最南端和最北端是什么样子的？生活在地球上的人类会和这一切发生什么样的关联呢？

一起来看一看吧！

第一篇：大自然的魔法

1 地球上的水从哪里来？

shuǐ fēn zǐ shì yóu qīng yuán zǐ hé yǎng yuán zǐ gòu chéng de
水分子是由氢原子和氧原子构成的。
zài yǔ zhòu xíng chéng yǐ hòu hěn kuài jiù yǒu le qīng yuán zǐ yòu
在宇宙形成以后，很快就有了氢原子。又
guò le jǐ bǎi wàn nián yǎng yuán zǐ yě chū xiàn le gòu chéng shuǐ de
过了几百万年，氧原子也出现了。构成水的
yuán zǐ dōu chū xiàn le nà tā men shì zěn me jié hé zài yì qǐ de ne
原子都出现了，那它们是怎么结合在一起的呢？

zài tài yáng chū xiàn yǐ hòu tài yáng xì zhōng hái méi yǒu chū
在太阳出现以后，太阳系中还没有出
xiàn wěn dìng de bā dà xíng xīng zhī qián hěn duō xíng xīng huì hù xiāng
现稳定的八大行星之前，很多行星会互相
pèng zhuàng yǔ zhòu zhōng piāo zhe hěn duō chén āi lì zǐ chú le chén
碰撞，宇宙中飘着很多尘埃粒子。除了尘
āi lì zǐ hái yǒu qīng yuán zǐ hé yǎng yuán zǐ yǒu de qīng yuán
埃粒子，还有氢原子和氧原子。有的氢原
zǐ hé yǎng yuán zǐ huì luò dào chén āi lì zǐ shang dāng zhè xiē chén āi
子和氧原子会落到尘埃粒子上。当这些尘埃
lì zǐ kào de zú gòu jìn kào
粒子靠得足够近，靠
jìn de shí jiān zú gòu cháng de shí
近的时间足够长的时
hou shàng miàn de qīng yuán zǐ
候，上面的氢原子
hé yǎng yuán zǐ hù xiāng jié hé
和氧原子互相结合，

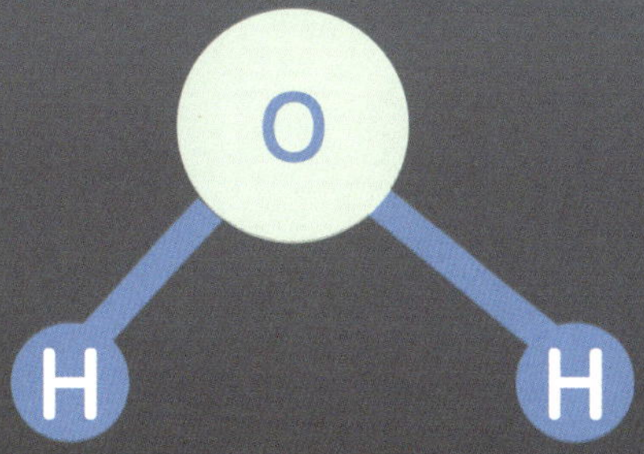

jiù yǒu le shuǐ fēn zǐ
就有了水分子。

dì qiú gāng xíng chéng de shí hou
地球刚形成的时候，
hái méi yǒu wěn dìng de dà qì céng wēn dù
还没有稳定的大气层，温度
yě hěn gāo gēn běn liú bú zhù shuǐ fēn zǐ suǒ yǐ dì qiú fù jìn de
也很高，根本留不住水分子，所以地球附近的
shuǐ fēn zǐ jiù táo zǒu le zhēng fā dào le yǔ zhòu zhōng
水分子就“逃走”了，蒸发到了宇宙中。

yòu guò le yì nián dì qiú shang xíng chéng le bǐ jiào wěn
又过了5亿年，地球上形成了比较稳
dìng de dà qì céng dì biǎo wēn dù yě qū yú wěn dìng zhè shí
定的大气层，地表温度也趋于稳定。这时，
pǎo dào kōng qì li de shuǐ zhēng qì kāi shǐ níng jié chéng yǔ zhè
跑到空气里的水蒸气开始凝结成雨，这
cháng dà yǔ yí xià jiù shì shàng qiān nián zài zhè cháng dà yǔ zhī
场大雨一下就是上千年。在这场大雨之
hòu dì qiú shang jiù yǒu le shuǐ
后，地球上就有了水。

想一想

水的形成有多种说法，你还知道其他说法吗？

2 河流之间也有“抢夺战”？

nián jǐ míng xué zhě jīng guò yán jiū fā xiàn huáng hé
2018 年，几名学者经过研究发现，黄河
liú yù zhèng zài bú duàn de tūn shì huái hé liú yù
流域正在不断地吞噬淮河流域。

bù jǐn jǐn shì huáng hé yǔ huái hé qí tā hé liú zhī jiān yě
不仅仅是黄河与淮河，其他河流之间也
huì fā shēng qiǎng duó zhàn zhè zhǒng xiàn xiàng jiào hé liú xí duó
会发生“抢夺战”。这种现象叫河流袭夺，
yě jiù shì yì tiáo hé liú yuè guò fēn shuǐ lǐng qiǎng duó lìng yì tiáo hé liú
也就是一条河流越过分水岭，抢夺另一条河流
de shuǐ cóng ér zhàn jù xiāng lín hé liú liú yù de guò chéng
的水，从而占据相邻河流流域的过程。

wǒ men yòng liǎng gè tú lái shuō míng rú tú cè dì
我们用两个图来说明。如图 1，A 侧地
shì jiào gāo yǒu hé liú liú guò cè dì shì jiào dī yǒu
势较高，有 a 河流流过；B 侧地势较低，有 b
hé liú liú guò zhè liǎng tiáo hé
河流流过。这两条河
liú jī hū xiāng hù chuí zhí
流几乎相互垂直，
bìng bèi zhōng jiān de fēn shuǐ
并被中间的分水
lǐng fēn gé jǐng shuǐ bú
岭分隔，井水不
fàn hé shuǐ
犯河水。

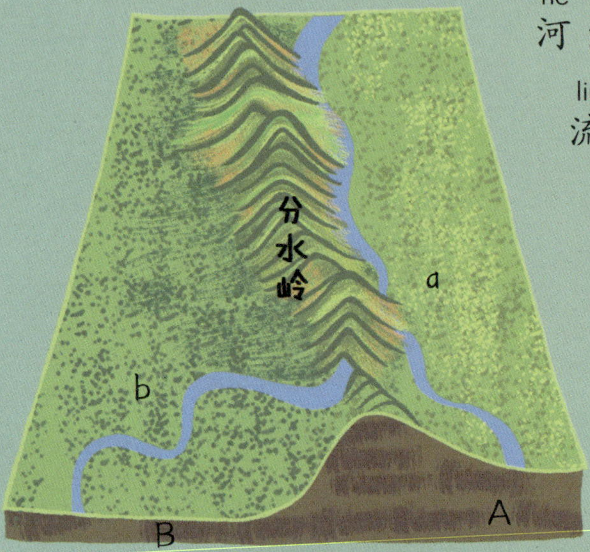

图 1　河流袭夺前示意图

dàn shì hé liú duì hé dào
但是河流对河道
yǒu qīn shí zuò yòng bù jǐn huì
有侵蚀作用，不仅会
shǐ hé liú jiā kuān jiā shēn
使河流加宽、加深，
hái huì duì hé liú de yuán tóu jìn
还会对河流的源头进
xíng qīn shí ràng tā bú duàn
行侵蚀，让它不断

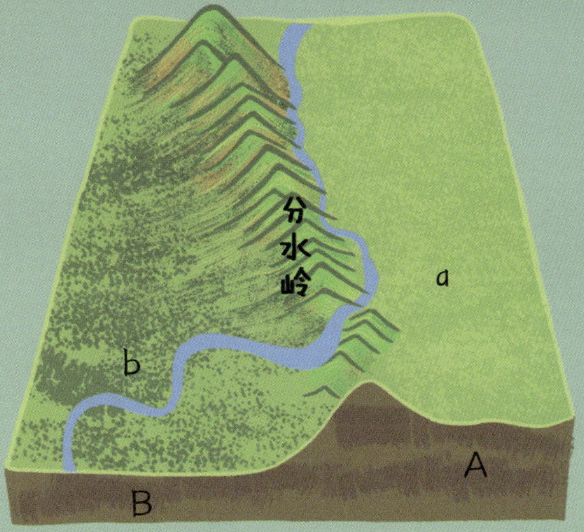

图 2　河流袭夺后示意图

de xiàng shàng yí dòng hé liú jiù shì zhè yàng yīn wèi shuǐ liú de
地向上移动。b 河流就是这样，因为水流的
chōng shuā hé liú huì bú duàn de xiàng tā de yuán tóu qīn shí
冲刷，b 河流会不断地向它的源头侵蚀，
shuǐ dī shí chuān zài fēn shuǐ lǐng shang qīn shí chū yí gè quē kǒu zhè
水滴石穿，在分水岭上侵蚀出一个缺口。这
shí chǔ yú dì shì gāo de cè de hé liú jiù shùn zhe zhè ge
时，处于地势高的 A 侧的 a 河流就顺着这个
quē kǒu zhí jiē liú dào le chǔ yú dì shì dī de cè de hé liú
缺口，直接流到了处于地势低的 B 侧的 b 河流
li zhè yàng hé liú jiù chéng gōng de bǎ hé liú duó guò
里，这样 b 河流就成功地把 a 河流“夺”过
lái le shí jiān cháng le hé liú kě néng jiàn jiàn de jiù méi shuǐ
来了。时间长了，a 河流可能渐渐地就没水
le xíng chéng le tú de yàng zi zhè jiù shì hé liú xí duó
了，形成了图 2 的样子。这就是河流袭夺。

想一想

你家附近有河流吗？有没有发生类似的现象？

3  世界上有粉红色的湖吗？

nǐ jiàn guo fěn hóng sè de hú ma fěn hóng sè de hú bìng bù
你见过粉红色的湖吗？粉红色的湖并不
cháng jiàn tā men zhǔ yào fēn bù zài ào dà lì yà hé jiā ná dà děng
常见，它们主要分布在澳大利亚和加拿大等
guó tā men de hú shuǐ zhī suǒ yǐ huì biàn chéng fěn hóng sè shì yīn
国。它们的湖水之所以会变成粉红色，是因
wèi hú shuǐ zhōng de shì yán jūn hé zǎo lèi hán yǒu lèi hú luó bo sù
为湖水中的嗜盐菌和藻类含有类胡萝卜素。

zài wēn nuǎn gān zào de yuè fèn hú li de shuǐ fèn dà liàng
在温暖干燥的月份，湖里的水分大量
zhēng fā hú shuǐ de hán yán dù huì dá dào yì nián zhōng de zuì gāo
蒸发，湖水的含盐度会达到一年中的最高
zhí dāng hán yán dù zēng jiā de shí hou hú li de shì yán jūn hé zǎo
值。当含盐度增加的时候，湖里的嗜盐菌和藻
lèi jiù huì dà liàng fán zhí zhè xiē shì yán jūn hé zǎo lèi hán yǒu zǐ
类就会大量繁殖。这些嗜盐菌和藻类含有紫
sè hóng sè hé chéng sè děng yán sè de lèi hú luó bo sù ràng tā
色、红色和橙色等颜色的类胡萝卜素，让它
men kàn qǐ lái shì cǎi sè de bǐ rú liú xì jūn shì zǐ sè de
们看起来是彩色的，比如，硫细菌是紫色的，
hái yǒu yì zhǒng jí dù shì yán de dù shì zǎo dāng hú shuǐ hán yán liàng
还有一种极度嗜盐的杜氏藻，当湖水含盐量
jiē jìn bǎo hé shí huì cì jī tā hé chéng lèi hú luó bo sù chéng
接近饱和时，会刺激它合成类胡萝卜素，呈
xiàn hóng sè hú shuǐ li de cǎi sè wēi shēng wù hù xiāng hùn hé
现红色。湖水里的彩色微生物互相混合，

zuì zhōng ràng hú shuǐ chéng xiàn fěn hóng sè
最终让湖水呈现粉红色。

yǒu yì xiē hú yì zhěng nián dōu shì fěn hóng sè de dàn yě yǒu
有一些湖一整年都是粉红色的，但也有
yì xiē hú shì huì fā shēng biàn huà de zài hán lěng huò shì duō yǔ de
一些湖是会发生变化的。在寒冷或是多雨的
jì jié hú li de shuǐ liàng zēng duō hán yán dù jiàng dī shì yán
季节，湖里的水量增多，含盐度降低，嗜盐
jūn hé zǎo lèi biàn shǎo hú shuǐ jiù huì biàn huí yuán lái de yán sè
菌和藻类变少，湖水就会变回原来的颜色。

zài fēi zhōu dà lù zuì xī duān sài nèi jiā ěr de shā mò li
在非洲大陆最西端塞内加尔的沙漠里，
jiù cáng zhe yí gè piào liang de fěn hóng sè hú pō méi gui hú
就藏着一个漂亮的粉红色湖泊——玫瑰湖。
zài měi nián de hàn jì hú shuǐ huì chéng xiàn xiān yàn de fěn hóng
在每年的旱季，湖水会呈现鲜艳的粉红
sè zài yǔ jì hú shuǐ de yán sè jiù qiǎn hěn duō
色；在雨季，湖水的颜色就浅很多。

想一想

你还知道世界上有哪些特别的湖呢？它们特别在哪儿呢？

4 盐湖是怎样形成的？

hú li yì bān dōu shì yǒu yán de gēn jù hú shuǐ de hán yán
湖里一般都是有盐的，根据湖水的含盐
liàng kě yǐ fēn wéi dàn shuǐ hú hé xián shuǐ hú qí zhōng xián shuǐ
量，可以分为淡水湖和咸水湖。其中，咸水
hú zhōng yǒu yì zhǒng hán yán dù hěn gāo de hú jiào yán hú nà
湖中有一种含盐度很高的湖，叫盐湖。那
me yán hú shì zěn yàng xíng chéng de ne
么，盐湖是怎样形成的呢？

yán hú zhōng de yán fèn zhǔ yào yǒu liǎng zhǒng lái yuán yì zhǒng
盐湖中的盐分主要有两种来源：一种
lái zì hǎi shuǐ dàn wǒ guó de yán hú hěn shǎo shǔ yú zhè zhǒng lìng
来自海水，但我国的盐湖很少属于这种；另
yì zhǒng lái zì dì biǎo de yán shí huò dì qiú nèi bù de yán jiāng dà
一种来自地表的岩石或地球内部的岩浆。大
zì rán de fēng chuī rì shài hé yǔ lín ràng hěn duō hán yán de yán shí
自然的风吹、日晒和雨淋让很多含盐的岩石
bú duàn de fēng huà zhú jiàn biàn chéng xì suì de kē lì jìn dào hú
不断地风化，逐渐变成细碎的颗粒，进到湖
li huǒ shān pēn fā děng dì zhì huó dòng yě huì bǎ dì qiú nèi bù yán
里；火山喷发等地质活动，也会把地球内部岩
jiāng zhōng de yán fèn dài dào dì biǎo zuì zhōng jìn rù hú zhōng
浆中的盐分带到地表，最终进入湖中。

cǐ wài guāng yǒu yán fèn shì bù xíng de yán hú de xíng chéng
此外，光有盐分是不行的，盐湖的形成
hái xū yào mǎn zú jǐ gè tiáo jiàn
还需要满足几个条件。

shǒu xiān yào yǒu yí gè zhōng jiān dī sì zhōu gāo kě yǐ
首先，要有一个中间低、四周高、可以
jī shuǐ de pén dì néng ràng shuǐ liú jìn lái jù jí zài yì qǐ
积水的盆地，能让水流进来，聚集在一起。

qí cì hái yào yǒu chí xù gān hàn de qì hòu tiáo jiàn zhè yàng
其次，还要有持续干旱的气候条件。这样
de qì hòu tiáo jiàn xià hú shuǐ dà liàng zhēng fā hú shuǐ biàn shǎo
的气候条件下，湖水大量蒸发，湖水变少，
hú de hán yán dù tí gāo yán fèn zhú jiàn chén jī zài hú dǐ xíng chéng
湖的含盐度提高，盐分逐渐沉积，在湖底形成
bù tóng zhǒng lèi de yán lèi kuàng chuáng zuì zhōng xíng chéng yán hú
不同种类的盐类矿床，最终形成盐湖。

zuì hòu suī rán yán hú de yán fèn yǒu zhe bù tóng de lái yuán
最后，虽然盐湖的盐分有着不同的来源，
dàn shì zhǐ yǒu hán yán de wù zhì bèi chí xù bú duàn de shū sòng dào hú
但是只有含盐的物质被持续不断地输送到湖
li cái néng què bǎo hú shuǐ zhōng hán yǒu dà liàng de yán fèn
里，才能确保湖水中含有大量的盐分。

想一想

你知道我国有哪些盐湖吗？它们分别位于哪里呢？

5 温泉为什么是热的？

wēn quán de xíng chéng fāng shì yì bān yǒu liǎng zhǒng yì zhǒng
温泉的形成方式一般有两种。一种
shì yán jiāng jiā rè dì xià shuǐ xíng chéng wēn quán lìng yì zhǒng shì tōng
是岩浆加热地下水形成温泉，另一种是通
guò dì qiào de gāo wēn yě jiù shì dì rè xíng chéng wēn quán
过地壳的高温，也就是地热，形成温泉。

xiān shuō yán jiāng jiā rè dì xià shuǐ xíng chéng de wēn quán huǒ
先说岩浆加热地下水形成的温泉。火
shān pēn fā de shí hou tōng cháng huì pēn chū hěn duō yán jiāng bú guò
山喷发的时候，通常会喷出很多岩浆，不过
yě yǒu yì xiē yán jiāng méi yǒu bèi pēn chū qù ér shì pǎo dào le yì
也有一些岩浆没有被喷出去，而是跑到了一
xiē yǒu shuǐ de yán shí fèng li zhè ge shí hou yán jiāng jiù huì bǎ
些有水的岩石缝里。这个时候，岩浆就会把
yán shí fèng li de shuǐ jiā rè shǐ tā biàn chéng wēn quán zhè zhǒng
岩石缝里的水加热，使它变成温泉。这种
wēn quán yì bān chū xiàn zài huǒ shān kǒu fù jìn shuǐ wēn
温泉一般出现在火山口附近，水温
bǐ jiào gāo dà duō shù dōu huì mào shuǐ
比较高，大多数都会冒水
zhēng qì
蒸气。

zài shuō tōng guò
再说通过
dì rè jiā rè xíng chéng
地热加热形成

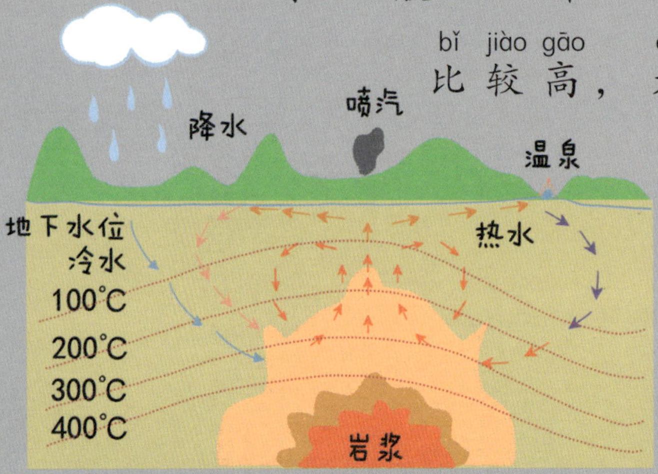

岩浆加热地下水形成温泉示意图

的温泉。雨水渗透到地壳深处的含水层，会形成地下水。而地球内部的温度非常高，一般从地面往下每100米，温度就会增高1~3摄氏度。一些地下水被地球内部的这种高温加热，成为热水。

这些热水往往含有气体，主要是二氧化碳。但这些气体又被岩石挡着出不去，就会产生很大的压力。压力越来越大，遇到裂缝时，热水就会从地面上冒出来，形成温泉。因为泉水要从很深的地下冒出来，一路上会损耗一些热量，所以通过地热加热形成的温泉，水温一般不会很高。

想一想

你泡过温泉吗？你知道那个温泉是怎么形成的吗？

6 海底也有喷泉？

hǎi dǐ yě yǒu pēn quán jiào hǎi dǐ rè quán jiù shì hǎi dǐ yán shí
海底也有喷泉，叫海底热泉，就是海底岩石
liè fèng zhōng pēn yǒng de gǔn tàng de róng yè zhè xiē róng yè wēn dù yǒu
裂缝中喷涌的滚烫的溶液，这些溶液温度有
shè shì dù
350~400摄氏度。

zhè xiē gāo wēn róng yè shì zěn me xíng chéng de ne
这些高温溶液是怎么形成的呢？

yán shí quān yóu hěn duō bǎn kuài zǔ chéng zhè xiē bǎn kuài de
岩石圈由很多板块组成，这些板块的
zhōng jiān huì xíng chéng duàn liè dài duàn liè dài dì xià de yán jiāng
中间会形成断裂带。断裂带地下的岩浆
róng yì pēn chū lái xíng chéng gāo wēn de huán jìng hǎi shuǐ yě róng
容易喷出来，形成高温的环境；海水也容
yì shèn tòu dào yán shí li hǎi dǐ rè quán wǎng wǎng chū xiàn zài zhè
易渗透到岩石里。海底热泉往往出现在这
zhǒng lí sàn de bǎn kuài biān yuán
种离散的板块边缘。

在海底，海水会沿着断裂带进入海洋地壳的内部。受炽热的岩浆的影响，海水和地壳的岩石发生反应，就会形成高温的溶液。这种反应会随着温度和压力的增加而增加，直到岩石变得难以渗透，这些高温的溶液就会上升，涌回到海底。

这些涌出的溶液富含矿物质。很多矿物质刚涌出来的时候温度很高，跟冰冷的海水一接触，立刻就变成了小颗粒，聚在热泉口附近。于是，热泉口看上去就像在冒烟。因为很多颗粒都是暗色的，所以有些热泉口看起来就像一个个黑烟筒，这些“烟筒”有的高达60米，相当于20层楼那么高。

想一想

你知道海洋中还存在什么奇特的现象吗？

7 青藏高原曾经是一片汪洋大海？

nián wǒ guó kē yán tuán duì zài guó jì qī kān kē
2019年，我国科研团队在国际期刊《科
xué jìn zhǎn shang fā biǎo le yí xiàng yán jiū chéng guǒ zhè xiàng chéng
学进展》上发表了一项研究成果，这项成
guǒ biǎo míng qīng zàng gāo yuán zài jù jīn duō wàn nián qián jiù
果表明：青藏高原在距今2000多万年前就
kāi shǐ tái shēng le
开始抬升了。

yán jiū rén yuán zài qīng zàng gāo yuán jù jīn wàn nián de
研究人员在青藏高原距今2500万年的
dì céng zhōng fā xiàn le yí gè dà xíng zōng lú huà shí rán ér
地层中发现了一个大型棕榈化石。然而，
zōng lú shù zhǔ yào fēn bù zài rè dài dì qū zài qīng zàng gāo yuán zhè
棕榈树主要分布在热带地区，在青藏高原这
yàng de gāo hǎi bá dì qū zōng lú shù wán quán bù kě néng cún huó
样的高海拔地区，棕榈树完全不可能存活，
zhè lǐ zěn me huì chū xiàn zōng lú huà shí ne
这里怎么会出现棕榈化石呢？

yán jiū rén yuán fēn xī fā xiàn qí shí zài wàn nián
研究人员分析发现，其实在2500万年
qián zhè kē zōng lú shù shēng huó de dì fang hěn yǒu kě néng shì xiá
前，这棵棕榈树生活的地方很有可能是峡
gǔ xiá gǔ liǎng cè shì hǎi bá
谷，峡谷两侧是海拔4000
mǐ zuǒ yòu de gāo shān zhè ge xiá gǔ
米左右的高山。这个峡谷

cóng yuē wàn nián qián cái zhú jiàn biàn chéng xiàn zài de gāo yuán
从约2300万年前才逐渐变成现在的高原。

ér zài yuē yì nián qián qīng zàng gāo yuán hái shi yí piàn shēn
而在约5亿年前，青藏高原还是一片深
hǎi shì jì nián dài yán jiū rén yuán zài qīng zàng gāo yuán
海。20世纪70年代，研究人员在青藏高原
shang fā xiàn le jù jīn yì duō nián de gǔ dì céng zài zhè ge dì
上发现了距今5亿多年的古地层，在这个地
céng zhōng tā men zhǎo dào le sān yè chóng huà shí sān yè chóng shì
层中，他们找到了三叶虫化石。三叶虫是
zuì yǒu dài biǎo xìng de yuǎn gǔ dòng wù zhī yī tā men shēng huó
最有代表性的远古动物之一，它们生活
zài qiǎn hǎi hǎi yù zài yì yì nián qián fā zhǎn dào gāo
在浅海海域，在5亿~4.3亿年前发展到高
fēng yì nián qián wán quán miè jué
峰，2.4亿年前完全灭绝。

yán jiū rén yuán hái fā xiàn yóu yú dì qiú de bǎn kuài yùn dòng
研究人员还发现，由于地球的板块运动，
qīng zàng gāo yuán mù qián hái zài bú duàn tái shēng
青藏高原目前还在不断抬升。

扫码听一听

珠穆朗玛峰竟然还会长个儿？

8  火焰山真的会燃烧吗？

huǒ yàn shān zài xīn jiāng de tǔ lǔ fān pén dì nǐ rú guǒ xià tiān
火焰山在新疆的吐鲁番盆地，你如果夏天
qù kàn zhè zuò shān huì fā xiàn tā zhēn de jiù xiàng zài rán shāo yí yàng
去看这座山，会发现它真的就像在燃烧一样。

zài wǒ guó de gǔ shū li huǒ yàn shān yòu jiào zuò chì shí shān
在我国的古书里，火焰山又叫作赤石山。
huǒ yàn shān zhī suǒ yǐ jiào zhè ge míng zi shì yīn wèi tā zhǔ yào shì
火焰山之所以叫这个名字，是因为它主要是
yóu hóng sè de yán shí gòu chéng de
由红色的岩石构成的。

zhè xiē yán shí xíng chéng yú yáo yuǎn de zhū luó jì bái è jì
这些岩石形成于遥远的侏罗纪、白垩纪
děng dì zhì nián dài dāng shí tiān qì fēi cháng yán rè yán shí zhōng
等地质年代。当时，天气非常炎热，岩石中
de tiě zài dà yǔ hé gāo wēn de zuò yòng xià bú duàn bèi yǎng huà
的铁在大雨和高温的作用下，不断被氧化，
zuì zhōng biàn chéng le xiàn zài zhè yàng de hóng sè
最终变成了现在这样的红色。

kě jí biàn shān de yán sè shì hóng sè de yě bú zhì yú ràng
可即便山的颜色是红色的，也不至于让
rén gǎn jué xiàng zài rán shāo ba qí shí huǒ yàn shān zhī suǒ yǐ gěi
人感觉像在燃烧吧？其实，火焰山之所以给
rén zhèng zài rán shāo de gǎn jué hái yīn wèi zhè lǐ de qì wēn hěn
人正在燃烧的感觉，还因为这里的气温很
gāo měi dào xià tiān de shí hou huǒ yàn shān suǒ zài de dì fang wēn
高。每到夏天的时候，火焰山所在的地方温
dù huì dá dào shè shì dù dì biǎo wēn dù shèn zhì gāo dá
度会达到47摄氏度，地表温度甚至高达80
shè shì dù
摄氏度。

cǐ wài zhè lǐ shì shān qū qì liú yuè guò gāo shān hòu
此外，这里是山区，气流越过高山后，
huì xià chén dào dì miàn kàn shàng qù jiù xiàng yí zhèn zhèn rè làng
会下沉到地面，看上去就像一阵阵热浪。
zài zhè yàng de qíng kuàng xià zhuó rè de yáng guāng zhào yào zài huǒ
在这样的情况下，灼热的阳光照耀在火
yàn shān hóng sè de yán shí shang jiù huì ràng rén chǎn shēng huǒ yàn shān
焰山红色的岩石上，就会让人产生火焰山
zài rán shāo de cuò jué
在燃烧的错觉。

想一想

除了火焰山，你还知道哪些特别的山呢？

9 世界上为什么会有彩色的沙漠？

nǐ zhī dào ma shì jiè shang yǒu huáng sè hóng sè hēi
你知道吗？世界上有黄色、红色、黑
sè shèn zhì hái yǒu wǔ cǎi de shā mò zhè shì wèi shén me ne
色，甚至还有五彩的沙漠。这是为什么呢？

yào nòng qīng chu zhè ge wèn tí wǒ men yào xiān zhī dào
要弄清楚这个问题，我们要先知道，
shā mò de shā zi shì cóng nǎr lái de bù tóng shā mò shā zi de lái
沙漠的沙子是从哪儿来的。不同沙漠沙子的来
yuán bù tóng dàn guī gēn jié dǐ shì lái yuán yú dì qiú shang yán shí pò
源不同，但归根结底，是来源于地球上岩石破
suì chǎn shēng de suì xiè wù suǒ yǐ shā mò de yán sè zhǔ yào hé
碎产生的碎屑物。所以，沙漠的颜色主要和
xíng chéng tā de yán shí yǒu guān yán shí li hán yǒu gè zhǒng yán sè de
形成它的岩石有关。岩石里含有各种颜色的
kuàng wù zhì jiù huì xíng chéng gè zhǒng yán sè de shā mò
矿物质，就会形成各种颜色的沙漠。

bǐ rú shuō yǒu xiē yán shí li yǒu tiě zài yán shí fēng huà
比如说，有些岩石里有铁，在岩石风化
guò chéng zhōng tiě yù dào kōng qì yǎng huà hòu jiù huì chéng xiàn hóng
过程中，铁遇到空气，氧化后就会呈现红
sè rú guǒ yán shí li yǒu shí gāo shí gāo fēng huà hòu xíng chéng de
色；如果岩石里有石膏，石膏风化后形成的

shā zi jiù huì chéng xiàn bái sè
沙子就会呈现白色。

rú guǒ yí gè dì fang de yán shí li yǒu duō zhǒng kuàng wù
如果一个地方的岩石里有多种矿物

zhì nà zhè lǐ de yán shí fēng huà hòu jiù kě néng xíng chéng cǎi sè
质，那这里的岩石风化后就可能形成彩色

de shā mò
的沙漠。

bǐ rú měi guó de pèi ēn dì dé shā mò jiù shì cǎi sè shā
比如，美国的佩恩蒂德沙漠就是彩色沙

mò jù dì zhì xué jiā tuī cè zhèr de yán shí dà yuē yǒu
漠。据地质学家推测，这儿的岩石大约有200

yì nián de lì shǐ yán shí li zhǔ yào yǒu huǒ shān huī shā yán hé
亿年的历史，岩石里主要有火山灰、砂岩和

ní hán yǒu fēng fù de kuàng wù zhì rú tiě měng de huà hé wù
泥，含有丰富的矿物质，如铁、锰的化合物

hé èr yǎng huà guī děng yīn wèi yán shí suǒ hán de kuàng wù zhì bǐ jiào
和二氧化硅等。因为岩石所含的矿物质比较

fēng fù suǒ yǐ tā men fēng huà hòu xíng chéng de shā mò yě jiù shì
丰富，所以它们风化后形成的沙漠也就是

wǔ yán liù sè de le
五颜六色的了。

想一想

你知道岩石里面都有什么矿物质吗？

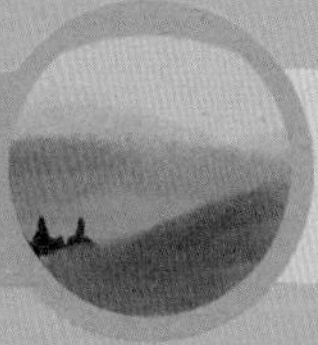

10 撒哈拉沙漠会“变脸”？

zuì jìn kē xué jiā fā xiàn fēi zhōu sā hā lā shā mò de
最近，科学家发现，非洲撒哈拉沙漠的
qì hòu bìng bú shì yì zhí dōu zhè me gān zào de měi gé yí duàn shí
气候并不是一直都这么干燥的。每隔一段时
jiān zhè lǐ jiù huì biàn shī rùn yí cì rán hòu zài biàn gān zào zhè
间，这里就会变湿润一次，然后再变干燥，这
yàng fǎn fù xún huán zhè ge cóng gān zào dào shī rùn zài dào gān zào
样反复循环。这个从干燥到湿润，再到干燥
de zhōu qī dà yuē shì wàn nián
的周期，大约是2万年。

zhè ge jié guǒ shì kē xué jiā fēn xī le guò qù wàn nián
这个结果是科学家分析了过去24万年
fēi zhōu xī bù hǎi dǐ chén jī de shā chén de qíng kuàng hòu dé chū lái
非洲西部海底沉积的沙尘的情况后得出来
de yīn wèi zài sā hā lā shā mò gān hàn de shí hou fēng huì guǒ xié
的。因为在撒哈拉沙漠干旱的时候，风会裹挟
zhe gèng duō shā zi chén jī dào hǎi dǐ ér zài sā hā lā shā mò bǐ
着更多沙子沉积到海底；而在撒哈拉沙漠比
jiào shī rùn de shí hou hǎi dǐ chén jī de shā chén jiù huì bǐ jiào shǎo
较湿润的时候，海底沉积的沙尘就会比较少。
suǒ yǐ tōng guò hǎi dǐ shā chén de duō shǎo jiù kě yǐ fǎn tuī chū zhè
所以，通过海底沙尘的多少，就可以反推出这
duàn shí jiān sā hā lā shā mò de qì hòu
段时间撒哈拉沙漠的气候。

nà wèi shén me sā hā lā shā mò huì chǎn shēng zhè zhǒng biàn huà
那为什么撒哈拉沙漠会产生这种变化
ne kē xué jiā fā xiàn zhè shì yīn wèi dì qiú zài rào tài yáng zhuàn
呢？科学家发现，这是因为地球在绕太阳转
de shí hou zhào shè dào sā hā lā shā mò de yáng guāng yě huì chǎn
的时候，照射到撒哈拉沙漠的阳光也会产
shēng zhōu qī xìng de biàn huà měi wàn nián xià tiān zhào dào sā hā
生周期性的变化。每2万年，夏天照到撒哈
lā shā mò de yáng guāng huì cóng duō biàn shǎo zài cóng shǎo biàn duō
拉沙漠的阳光会从多变少，再从少变多。

bú guò sā hā lā shā mò biàn gān zào de shí hou bú shì yáng
不过，撒哈拉沙漠变干燥的时候，不是阳
guāng biàn duō de shí hou ér shì yáng guāng biàn shǎo de shí hou zhè
光变多的时候，而是阳光变少的时候。这
shì yīn wèi xià tiān yáng guāng chōng zú cóng hǎi yáng chuī xiàng lù
是因为，夏天阳光充足，从海洋吹向陆
dì de jì fēng jiù qiáng gèng duō shuǐ qì bèi chuī xiàng shā mò shā mò
地的季风就强，更多水汽被吹向沙漠，沙漠
de qì hòu jiù gèng shī rùn xià tiān yáng guāng bù chōng zú jì fēng
的气候就更湿润；夏天阳光不充足，季风
biàn ruò hǎi yáng li de shuǐ qì nán yǐ dào dá shā mò shā mò de
变弱，海洋里的水汽难以到达沙漠，沙漠的
qì hòu jiù biàn de gèng gān zào
气候就变得更干燥。

想一想

除了撒哈拉沙漠，你还知道哪些世界上知名的沙漠呢？

11 我们的一天会变成48小时吗？

xiàn zài dì qiú zì zhuàn yì quān xū yào yuē gè xiǎo shí yě
现在地球自转一圈需要约24个小时，也
jiù shì shuō dì qiú shang de yì tiān yǒu gè xiǎo shí bú guò kē
就是说，地球上的一天有24个小时。不过，科
xué jiā fā xiàn dì qiú de zì zhuàn sù dù zài biàn màn yì tiān de shí jiān
学家发现地球的自转速度在变慢，一天的时间
zài biàn cháng zài yì nián qián dì qiú gāng dàn shēng shí dì qiú
在变长。在45亿年前地球刚诞生时，地球
shang de yì tiān zhǐ yǒu xiǎo shí dào le dà yuē yì nián qián
上的一天只有4小时；到了大约17亿年前，
yì tiān de shí jiān jiù biàn cháng dào xiǎo shí le xiàn zài dì qiú
一天的时间就变长到21小时了；现在，地球
shang yì tiān de shí jiān suī rán shì xiǎo shí dàn zhè ge shí jiān réng
上一天的时间虽然是24小时，但这个时间仍
rán zài biàn cháng
然在变长。

zhè jiū jìng shì zěn me huí shì ne kē xué jiā fā xiàn zhè zhǔ
这究竟是怎么回事呢？科学家发现，这主
yào gēn yuè qiú hé dì qiú zhī jiān de yǐn lì yǒu guān
要跟月球和地球之间的引力有关。

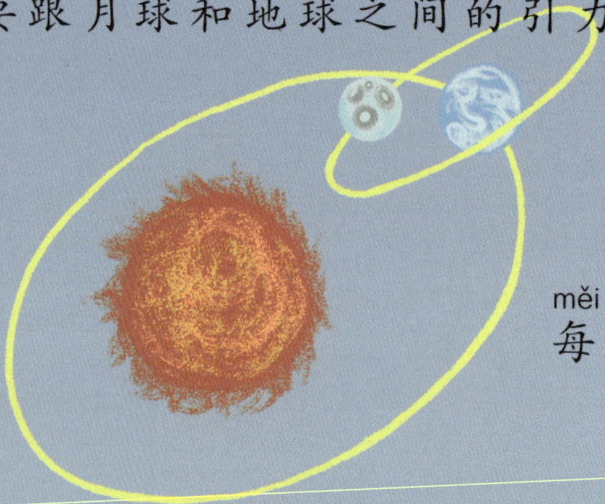

yīn wèi yuè qiú de yǐn
因为月球的引
lì dì qiú shang de hǎi shuǐ
力，地球上的海水
měi tiān dōu huì chǎn shēng cháo xī
每天都会产生潮汐

yùn dòng　yě jiù shì zhǎng
运动，也就是涨
cháo hé luò cháo　zài cháo xī yùn dòng de
潮和落潮。在潮汐运动的
guò chéng zhōng　hǎi shuǐ hé lù dì zhī jiān huì chǎn shēng
过程中，海水和陆地之间会产生
yí gè mó cā lì　zhè ge mó cā lì jiào cháo xī mó cā
一个摩擦力，这个摩擦力叫潮汐摩擦。

zài dì qiú zì zhuàn de guò chéng zhōng　cháo xī mó cā jiù xiàng
在地球自转的过程中，潮汐摩擦就像
shā chē piàn yí yàng　bú duàn de ràng dì qiú　shā chē　dǎo zhì
刹车片一样，不断地让地球“刹车”，导致
dì qiú zì zhuàn de sù dù yuè lái yuè màn　zhè me yì lái　dì qiú
地球自转的速度越来越慢。这么一来，地球
shang měi tiān de shí jiān yě jiù yuè lái yuè cháng le　suī rán zhè ge
上每天的时间也就越来越长了。虽然这个
biàn huà de guò chéng fēi cháng huǎn màn　dàn dà yuē zài guò　yì
变化的过程非常缓慢，但大约再过50亿
nián　dì qiú shang měi tiān de shí jiān jiù néng fān bèi　dá dào
年，地球上每天的时间就能翻倍，达到48
xiǎo shí le
小时了。

想一想

假如月亮突然消失，会对地球产生哪些影响呢？

12 地震发生时，天空中会闪光？

2018年，几位美国科学家在自然研究旗下的《科学报告》期刊上发表了一篇论文，他们认为，如果一个地方发生了大地震，那么可能会引发地球另一端的地震。

也就是说，如果我们把地球想象成一颗表面上都是水的星球，在地震点扔一块石头，会激起一圈向外扩散的水波。水波沿着星球表面扩散，将在星球的另一端汇聚。在星球对面的这个位置附近，几天之内就有可能会发生一场新的地震。

shuō qǐ dì zhèn
说起地震，

yǒu yì zhǒng gēn dì zhèn
有一种跟地震

yǒu guān de xiàn xiàng jiào
有关的现象，叫

dì zhèn guāng suǒ wèi dì zhèn guāng jiù shì fā shēng zài dì zhèn qián
地震光。所谓地震光，就是发生在地震前

hé dì zhèn shí de yì zhǒng zì rán xiàn xiàng tiān kōng zhōng huì shǎn yào
和地震时的一种自然现象，天空中会闪耀

zhe qí tè de guāng máng gēn jí guāng yǒu diǎnr xiàng bú guò bìng
着奇特的光芒，跟极光有点儿像。不过，并

bú shì suǒ yǒu de dì zhèn dōu bàn suí zhe dì zhèn guāng de chū xiàn yì
不是所有的地震都伴随着地震光的出现，一

bān zhèn jí jiào gāo de dì zhèn cái huì chǎn shēng dì zhèn guāng
般震级较高的地震才会产生地震光。

mù qián guān yú dì zhèn guāng chǎn shēng de yuán yīn kē xué
目前，关于地震光产生的原因，科学

jiā hái méi yǒu gěi chū tǒng yī de jiě shì yǒu yì zhǒng jiě shì shì
家还没有给出统一的解释。有一种解释是，

zǔ chéng yán shí de fēn zǐ huì shì fàng chū yì xiē lí zǐ dào kōng qì
组成岩石的分子会释放出一些离子到空气

zhōng zhè xiē lí zǐ yǔ kōng qì fā shēng huà xué fǎn yìng cóng ér xíng
中，这些离子与空气发生化学反应，从而形

chéng le shǎn yào de dì zhèn guāng
成了闪耀的地震光。

想一想

地震光是否可以作为预测地震的方式呢？

13 地震可以预报吗？

目前，我们还无法预测地震，因此也不可能预报地震，但可以对地震发出预警。

地震预报的意思是科学家在地震前就通过各种方式预测到了这个地方要发生地震，然后在地震发生前把这个消息告诉大家。从功能上来说，地震预报和天气预报有点儿像。这点我们目前还做不到。

但我们可以在地震发生之后发布预警。地震预警的方式之一是异地预警，就是一个地方发生了地震，地震局赶紧把这个消息告诉那些位于地震发生地附近的人。因为地震是通过地震波向外释放能量的，地震波引发的地面震动会对建筑物造成破坏。所以我

men zhǐ yào gǎn zài dì zhèn bō dào dá zhī qián bǎ dì zhèn de xiāo xi
们只要赶在地震波到达之前，把地震的消息
chuán dì chū qù rén men jiù néng huò dé shí jǐ miǎo de shí jiān
传递出去，人们就能获得十几秒的时间，
kě yǐ tí qián zuò zhǔn bèi
可以提前做准备。

yīn cǐ suī rán xiàn zài wǒ men hái bù néng tōng guò jì shù
因此，虽然现在我们还不能通过技术
shǒu duàn yù cè dì zhèn de fā shēng dàn shì zài dì zhèn fā shēng zhī
手段预测地震的发生，但是在地震发生之
hòu wǒ men kě yǐ hé shí jiān sài pǎo duō zuò xiē shì qing lái jǐn
后，我们可以和时间赛跑，多做些事情来尽
liàng jiǎn shǎo dì zhèn dài lái de sǔn shī
量减少地震带来的损失。

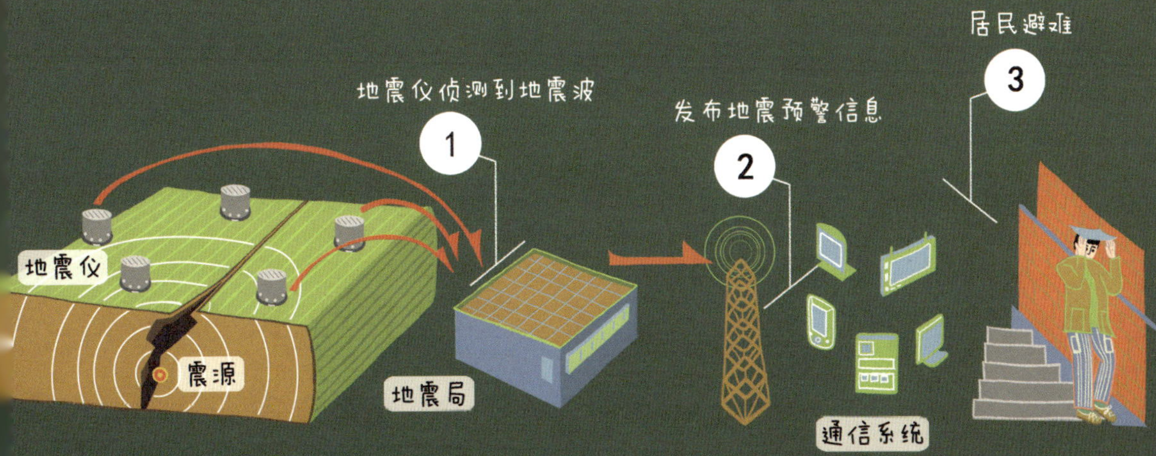

地震预警过程图

想一想

地震时有哪些正确的逃生方法呢？

14  海文大桥的抗震能力有多强？

hǎi wén dà qiáo wèi yú wǒ guó hǎi nán shěng shì nián
海文大桥位于我国海南省，是2019年
zhèng shì tōng chē de yí zuò kuà hǎi dà qiáo tā de shè jì yǒu yí gè
正式通车的一座跨海大桥。它的设计有一个
tè bié zhī chù nà jiù shì kàng zhèn néng lì fēi cháng qiáng
特别之处，那就是抗震能力非常强。

wèi shén me zhè zuò kuà hǎi dà qiáo xū yào yǒu hěn qiáng de kàng
为什么这座跨海大桥需要有很强的抗
zhèn néng lì ne zhè shì yīn wèi hǎi wén dà qiáo zhèng hǎo jiàn zài dì
震能力呢？这是因为海文大桥正好建在地
zhèn huó dòng duàn céng shang dì zhèn huó dòng duàn céng shì róng yì
震活动断层上。地震活动断层是容易
fā shēng dì zhèn de yì zhǒng dì zhì gòu zào hěn bù wěn dìng yì
发生地震的一种地质构造，很不稳定，一
bān qíng kuàng xià zhè zhǒng dì fang shì bù néng jiàn zào rèn hé jiàn zhù
般情况下这种地方是不能建造任何建筑
de dàn shì hǎi wén kuà hǎi dà qiáo méi bàn fǎ rào kāi dì zhèn huó dòng
的。但是海文跨海大桥没办法绕开地震活动
duàn céng bù dé bú zài zhè lǐ jiàn zào yīn cǐ dà qiáo de kàng zhèn
断层，不得不在这里建造，因此大桥的抗震
cuò shī bì xū yào zuò hǎo
措施必须要做好。

nà me hǎi
那么海
wén dà qiáo dào dǐ yǒu
文大桥到底有
duō kàng zhèn ne wǒ men bǎ dì miàn
多抗震呢？我们把地面
shòu dào dì zhèn pò huài de chéng dù jiào dì
受到地震破坏的程度叫地
zhèn liè dù wǒ guó de dì zhèn liè dù cóng xiǎo dào dà huà fēn wéi
震烈度。我国的地震烈度从小到大划分为12
gè liè dù děng jí shù zì yuè gāo jiù dài biǎo dì zhèn de pò huài
个烈度等级，数字越高，就代表地震的破坏
lì yuè qiáng hǎi wén kuà hǎi dà qiáo shè jì shí suǒ néng chéng shòu de
力越强。海文跨海大桥设计时所能承受的
dì zhèn liè dù shì dù zhè zài dāng shí yǐ jīng jiàn chéng de kuà hǎi
地震烈度是8度，这在当时已经建成的跨海
dà qiáo li shì zuì gāo de
大桥里是最高的。

想一想

你还知道世界上有哪些跨海大桥吗？

15 风也有等级之分？

1805年前后，一个叫弗朗西斯·蒲福的英国海军少将根据自己多年来的观测和调查，把风力分为0级到12级，共13个等级。为了纪念蒲福少将，现在国际通用的风力等级划分方法，就称作蒲福风级。

风力等级是按照风速来划分的，而风速通常是在开阔、无遮挡的地方用风速表测量的。比如0级风的风速只有每秒0～0.2米，这时，我们能看到炊烟是笔直的；6级风的风速是每秒10.8～13.8米，特征是树枝会摇动；

zhì yú jí fēng tā de fēng sù néng
至于12级风，它的风速能
dá dào měi miǎo mǐ zhè
达到每秒32.7～36.9米，这
yàng de fēng pò huài lì hěn dà
样的风破坏力很大。

yǒu méi yǒu jí yǐ shàng de fēng
有没有12级以上的风
ne nián zài pú fú fēng jí de
呢？2001年，在蒲福风级的
jī chǔ shang wǒ guó zēng jiā le gè fēng lì
基础上，我国增加了5个风力
děng jí fēng lì děng jí zuì gāo dá dào le
等级，风力等级最高达到了
jí wǒ men zài tiān qì yù bào li tīng dào
17级。我们在天气预报里听到
de chāo qiáng tái fēng fēng lì děng jí dōu zài
的超强台风，风力等级都在
jí yǐ shàng fēng sù shèn zhì kě yǐ dá dào
16级以上，风速甚至可以达到
měi miǎo mǐ bǐ gāo sù gōng lù shang bēn
每秒51米，比高速公路上奔
chí de qì chē hái yào kuài de duō zhè yàng de
驰的汽车还要快得多，这样的
fēng jù yǒu huǐ miè xìng de pò huài lì
风具有毁灭性的破坏力。

想一想

你见过最大的风有多大呢？当时是什么情景呢？

16 台风的名字是怎么来的？

很多台风都有名字，像玉兔、悟空和杜鹃等。这些名字是怎么来的呢？

给台风命名的工作，是太平洋周围的14个国家和地区，如中国、日本、韩国和泰国等合作完成的，它们都是世界气象组织下面的一个机构——台风委员会的成员。

这14个成员各自起了10个名字，再将这140个名字分组排序，循环使用。所以有些台风的名字可能前些年出现过，今年又出现了。

给台风起名字遵循

yí xiē yuán zé bǐ
一些原则，比
rú míng zi yào duǎn yào hǎo
如名字要短，要好
jì ér qiě tōng cháng huì shǐ yòng
记，而且通常会使用
yì xiē tīng qǐ lái qīng róu shū huǎn de cí bǐ rú shān shān yún
一些听起来轻柔、舒缓的词，比如珊珊、云
nà hé hú dié děng zhè jì tuō le rén men de yì zhǒng yuàn wàng
娜和蝴蝶等。这寄托了人们的一种愿望，
xī wàng tái fēng dài lái de wēi hài néng xiǎo yì xiē
希望台风带来的危害能小一些。

rú guǒ yǒu xiē tái fēng zào chéng le yán zhòng de jīng jì sǔn
如果有些台风造成了严重的经济损
shī huò dǎo zhì le cǎn zhòng de rén yuán shāng wáng rén men jiù huì
失，或导致了惨重的人员伤亡，人们就会
bǎ tā men de míng zi cóng mìng míng biǎo zhōng shān diào yǐ hòu yě
把它们的名字从命名表中删掉，以后也
bú zài shǐ yòng le tóng shí hái huì zài xiǎng yí gè xīn míng zi jiā rù
不再使用了，同时还会再想一个新名字加入
mìng míng biǎo zhōng
命名表中。

想一想

让你印象最深刻的台风叫什么名字呢？

17 秋天的台风比夏天的更猛烈？

tōng cháng wǒ men bǎ yuè shēng chéng de tái fēng chēng
通常，我们把 6～8 月生成的台风称
wéi xià tái fēng yuè shēng chéng de tái fēng chēng wéi qiū tái
为夏台风，9～11 月生成的台风称为秋台
fēng gēn jù nián de qì xiàng shù jù xiǎn shì suī
风。根据 1949～2020 年的气象数据显示，虽
rán xià tái fēng de cì shù bǐ qiū tái fēng duō dàn cóng tái fēng dēng lù
然夏台风的次数比秋台风多，但从台风登陆
wǒ guó de qíng kuàng lái kàn qiū tái fēng de wēi lì gèng dà
我国的情况来看，秋台风的威力更大。

yì bān qíng kuàng xià hǎi shuǐ de wēn dù yuè gāo hǎi shuǐ
一般情况下，海水的温度越高，海水
néng gòu jī zǎn de néng liàng jiù yuè dà rú guǒ tái fēng jīng guò hǎi
能够积攒的能量就越大。如果台风经过，海
shuǐ jiù kě yǐ gěi tái fēng tí gōng gèng duō de néng liàng tái fēng huò
水就可以给台风提供更多的能量。台风获
dé de néng liàng yuè duō wēi lì wǎng wǎng jiù huì yuè qiáng
得的能量越多，威力往往就会越强。

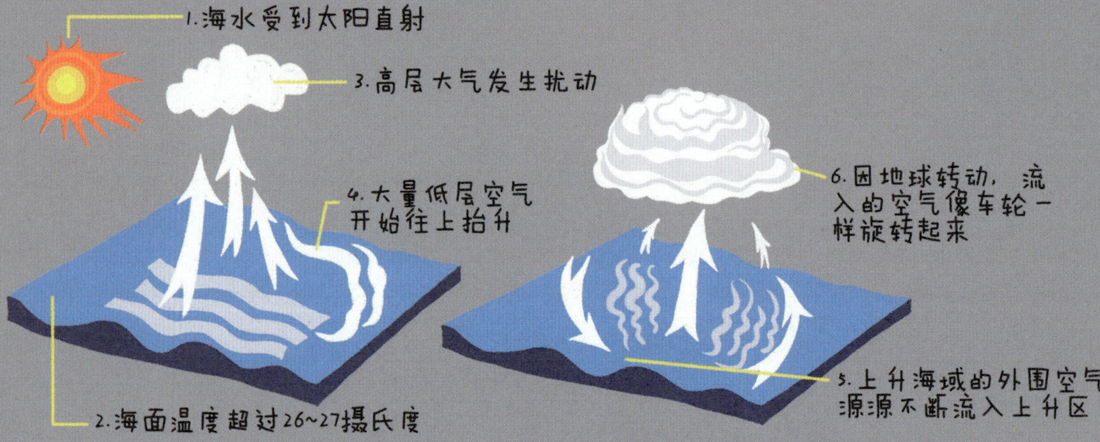

wǒ men shēng huó
我们生活
zài běi bàn qiú de lù
在北半球的陆
dì shang cóng chūn fēn
地上，从春分
kāi shǐ tài yáng de
开始，太阳的
zhí shè diǎn cóng chì dào
直射点从赤道

xiàng běi yí dòng tài yáng jiā rè le běi bàn qiú de rè dài hǎi yáng
向北移动，太阳加热了北半球的热带海洋，
shǐ hǎi shuǐ néng liàng bú duàn lěi jī xià zhì zhī hòu tài yáng de zhí
使海水能量不断累积。夏至之后，太阳的直
shè diǎn jiù huì màn màn de yóu běi huí guī xiàn xiàng chì dào kào jìn tài
射点就会慢慢地由北回归线向赤道靠近，太
yáng jìn yí bù jiā rè běi bàn qiú de rè dài hǎi yáng tōng cháng dào qiū
阳进一步加热北半球的热带海洋。通常到秋
tiān hǎi shuǐ wēn dù dá dào zuì gāo zhí hǎi shuǐ jī zǎn de néng liàng yě
天海水温度达到最高值，海水积攒的能量也
gèng duō cǐ shí hǎi miàn shang xíng chéng de tái fēng huò dé de néng
更多，此时海面上形成的台风获得的能
liàng jiù bǐ xià tiān shí yào dà yě jiù gèng měng liè
量就比夏天时要大，也就更猛烈。

想一想

你知道哪些威力很大的秋台风呢？

18 人类有办法消除台风或飓风吗？

tái fēng hé jù fēng dōu shì zhōng xīn fēng lì dá dào jí yǐ
台风和飓风都是中心风力达到12级以
shàng fēng sù zhì shǎo měi miǎo mǐ de rè dài qì xuán fā shēng
上，风速至少每秒32.7米的热带气旋，发生
zài tài píng yáng xī bù hǎi yáng hé nán hǎi hǎi shang de jiào tái fēng fā
在太平洋西部海洋和南海海上的叫台风；发
shēng zài dà xī yáng xī bù de jiào jù fēng rén lèi yǒu bàn fǎ xiāo chú
生在大西洋西部的叫飓风。人类有办法消除
tái fēng huò jù fēng ma
台风或飓风吗？

shì jì nián dài yǒu rén tí chū yòng jūn jiàn fā shè pào
20世纪40年代，有人提出用军舰发射炮
dàn lái xiāo chú tái fēng de fāng fǎ yòng jūn jiàn bǎ tái fēng wéi zhù xiàng
弹来消除台风的方法：用军舰把台风围住，向
tái fēng fā shè pào dàn ràng tái fēng guāi guāi de tóu xiáng dàn
台风发射炮弹，让台风乖乖地“投降”。但
shì tái fēng zhǐ shì yì zhǒng xuán wō yòng pào dàn hōng zhà gēn běn
是，台风只是一种旋涡，用炮弹轰炸根本
méi yòng
没用。

nán dào méi yǒu qí tā bàn fǎ ma nián měi guó rén
难道没有其他办法吗？1947年，美国人
jìn xíng le dì yī gè rén gōng yǐng xiǎng jù fēng de shí yàn tā men
进行了第一个人工影响飓风的实验，他们
yòng fēi jī zài jù fēng de shì dàng wèi zhì sǎ le dà liàng cuī huà jì
用飞机在飓风的适当位置撒了大量催化剂，
yǐ jiǎn ruò jù fēng de sù dù rán ér yuán běn yuǎn lí měi guó dà lù
以减弱飓风的速度。然而，原本远离美国大陆
de jù fēng tū rán zhuǎn tóu bìng xiàng xī dēng lù nián měi
的飓风突然转头并向西登陆。1969年，美
guó rén zài duì jù fēng dài bǐ de shí yàn zhōng zài cì shǐ yòng le lèi sì
国人在对飓风黛比的实验中，再次使用了类似
de bàn fǎ bìng qǔ dé le xiāng duì xiǎn zhù de xiào guǒ
的办法并取得了相对显著的效果。

kě shì zài zhè zhī hòu lèi sì de shí yàn dōu méi yǒu qǔ dé
可是，在这之后，类似的实验都没有取得
xiǎn zhù de xiào guǒ kē xué jiā duì rén gōng yǐng xiǎng tái fēng hé jù
显著的效果，科学家对人工影响台风和飓
fēng de yán jiū suī rán yì zhí zài chí xù dàn réng méi yǒu
风的研究虽然一直在持续，但仍没有
shí zhì xìng de chéng guǒ suǒ yǐ mù qián lái shuō wǒ
实质性的成果。所以，目前来说，我
men hái méi bàn fǎ zuò
们还没办法做
dào rén gōng xiāo chú tái fēng huò
到人工消除台风或
jù fēng
飓风。

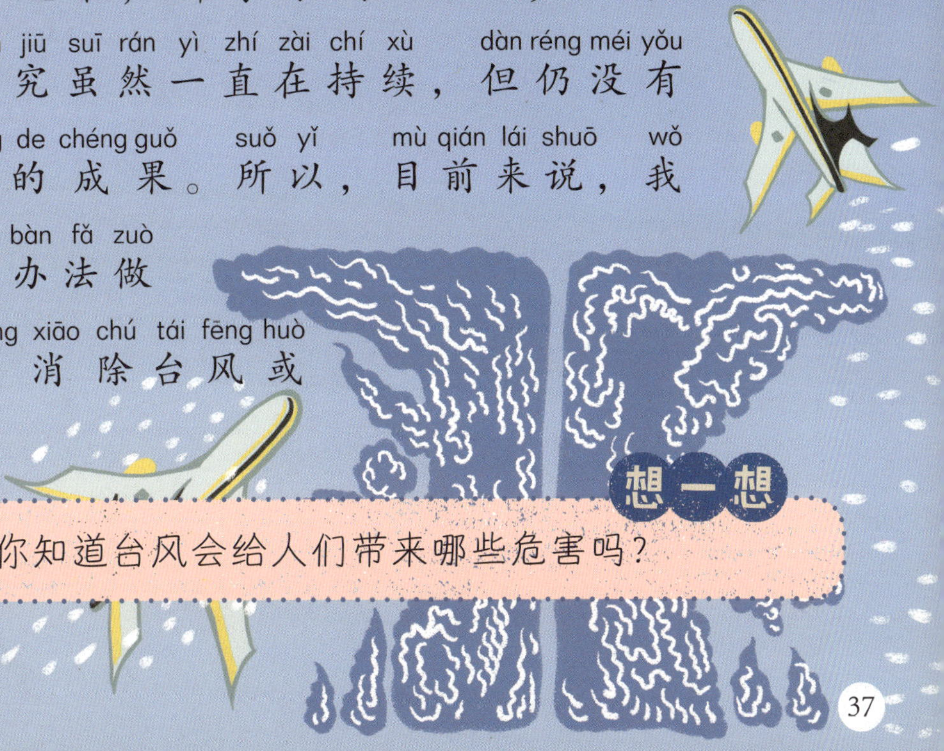

想一想

你知道台风会给人们带来哪些危害吗？

19 号称“百年一遇”的大暴雨，为何年年遇？

有时候，我们会在新闻里听到，某些地方遇到了“百年一遇”的大暴雨。

那你知道，这个“百年一遇”是什么意思吗？为什么有时候年年都会遇到“百年一遇”的大暴雨呢？难道不应该是一百年才能遇到一次才对吗？

其实，这里说的“百年一遇”，指的是某种天气重复出现的周期，从概率的角度说，就是这种天气出现的可能性。根据某地长期的水文记录，就可以计算出某量级的降水隔多久出现一次。

比如，在过去的400年里，只下过4次这样的大暴雨，那400除

yǐ děng yú wǒ men jiù kě yǐ shuō zhè shì bǎi nián yí
以4等于100，我们就可以说，这是百年一
yù de dà bào yǔ biǎo shì gāi dì měi nián fā shēng zhè zhǒng dà bào
遇的大暴雨，表示该地每年发生这种大暴
yǔ de gài lǜ wéi rú guǒ zài guò qù de nián li xià
雨的概率为1%。如果在过去的400年里，下
le cì zhè yàng de dà bào yǔ nà jiù shì chú yǐ chéng
了5次这样的大暴雨，那就是400除以5，成
le nián yí yù de dà bào yǔ biǎo shì gāi dì měi nián fā shēng zhè
了80年一遇的大暴雨，表示该地每年发生这
zhǒng dà bào yǔ de gài lǜ wéi dàn shì zhè ge nián shù yì
种大暴雨的概率为1.25%。但是这个年数一
bān dōu huì suàn chéng zhěng shù zhè yàng shuō qǐ lái bǐ jiào shùn yě
般都会算成整数，这样说起来比较顺，也
hǎo jì
好记。

rán ér bù guǎn zěn yàng zhè dōu shì guò qù de shù jù bú
然而，不管怎样，这都是过去的数据，不
dài biǎo xiàn zài de qíng kuàng rú guǒ zuì jìn jǐ nián qì hòu bù hǎo
代表现在的情况。如果最近几年气候不好，
lián zhe jǐ nián fā shēng bǎi nián yí yù de dà bào yǔ yě shì yǒu
连着几年发生“百年一遇”的大暴雨，也是有
kě néng de
可能的。

想一想

你遇到过“百年一遇”的大暴雨吗？

20 冬季风暴是冬天的暴风雪吗？

wǒ men jīng cháng tīng dào měi guó fā shēng le dōng jì fēng
我们经常听到美国发生了冬季风
bào dàn dōng jì fēng bào zài wǒ guó hěn shǎo chū xiàn cóng zì miàn shang
暴，但冬季风暴在我国很少出现。从字面上
kàn dōng jì fēng bào shì bú shì jiù shì dōng tiān de bào fēng xuě ne
看，冬季风暴是不是就是冬天的暴风雪呢？
qí shí bìng bù wán quán shì zhè yàng de
其实，并不完全是这样的。

dōng jì fēng bào shì zhǐ wēn dù zài bīng diǎn yǐ xià dà guī mó
冬季风暴是指温度在冰点以下，大规模
de jiàng shuǐ rú jiàng xuě yǔ jiā xuě hé dòng yǔ děng tóng shí hái
的降水，如降雪、雨夹雪和冻雨等，同时还
bàn suí zhe dà fēng
伴随着大风。

dòng yǔ shì dōng jì fēng bào zuì wēi xiǎn de lèi xíng zhī yī
冻雨是冬季风暴最危险的类型之一。
dòng yǔ fā shēng hòu lù miàn huì jié bīng biàn de shī huá jiāo tōng
冻雨发生后，路面会结冰，变得湿滑，交通
yě huì suí zhī tān huàn tóng shí dòng yǔ dòng jié
也会随之瘫痪。同时，冻雨冻结
zài diàn xiàn shang diàn xiàn yù lěng shōu suō zài jiā
在电线上，电线遇冷收缩，再加
shàng bīng běn shēn de zhòng liàng diàn xiàn jiù yǒu
上冰本身的重量，电线就有
duàn liè de wēi xiǎn rú guǒ diàn xiàn duàn liè
断裂的危险。如果电线断裂，

huì yǐn qǐ dà miàn jī tíng
会引起大面积停
diàn yán zhòng yǐng xiǎng
电，严重影响
rén men de shēng huó
人们的生活。

měi guó de
美国的
dōng jì fēng bào
冬季风暴
bǐ jiào duō ér
比较多，而
wǒ guó hěn shǎo yǒu zhè zhǒng tiān qì
我国很少有这种天气。
yīn wèi wǒ guó dà bù fen dì qū de dōng tiān dōu bǐ jiào gān zào hěn
因为我国大部分地区的冬天都比较干燥，很
shǎo huì chū xiàn dà guī mó de jiàng shuǐ yīn cǐ hěn nán chū xiàn dōng jì
少会出现大规模的降水，因此很难出现冬季
fēng bào dàn shì měi guó de dōng tiān qì hòu bǐ jiào shī rùn cǐ shí zài
风暴。但是美国的冬天气候比较湿润，此时再
yù dào qiáng lěng kōng qì jiù huì bǐ jiào róng yì xíng chéng jiàng shuǐ
遇到强冷空气，就会比较容易形成降水，
yě jiù gèng róng yì chū xiàn dōng jì fēng bào
也就更容易出现冬季风暴。

想一想

你在冬天遇到过什么样的恶劣天气？

21 大火和龙卷风结合有多可怕？

nǐ kě néng tīng shuō guo lóng juǎn fēng dàn nǐ zhī dào huǒ lóng
你可能听说过龙卷风，但你知道火龙
juǎn ma huǒ lóng juǎn yě jiào huǒ yàn lóng juǎn fēng shì yì zhǒng bǐ
卷吗？火龙卷也叫火焰龙卷风，是一种比
jiào hǎn jiàn de zì rán xiàn xiàng cóng míng zi lái kàn wǒ men kě yǐ
较罕见的自然现象。从名字来看，我们可以
bǎ tā lǐ jiě chéng guǒ xié zhe dà huǒ de lóng juǎn fēng
把它理解成裹挟着大火的龙卷风。

huǒ lóng juǎn shì zěn me xíng chéng de ne tā de xíng chéng yǒu
火龙卷是怎么形成的呢？它的形成有
liǎng zhǒng yuán yīn dàn dōu lí bù kāi huǒ hé fēng
两种原因，但都离不开火和风。

yì zhǒng shì dà huǒ jiā rè kōng qì shǐ kōng qì kuài sù shàng
一种是大火加热空气，使空气快速上
shēng cǐ shí sì miàn bā fāng de kōng qì cóng zhōu wéi pǎo guò
升。此时，四面八方的空气从周围跑过
lái kōng qì de liú dòng xíng chéng le fēng yóu yú dì qiú zì zhuàn
来，空气的流动形成了风。由于地球自转，
fēng xiàng tóng yí gè fāng xiàng piān zhuǎn xíng chéng kōng qì xuán wō
风向同一个方向偏转，形成空气旋涡。
kōng qì xuán wō bāo guǒ zhe huǒ huǒ yòu bú duàn jiā rè kōng qì shǐ
空气旋涡包裹着火，火又不断加热空气，使

tā shàng shēng rú cǐ wǎng fù bú duàn jiā rè jiù xíng chéng le
它上升。如此往复，不断加热，就形成了
huǒ lóng juǎn
火龙卷。

lìng yì zhǒng shì lóng juǎn fēng zài
另一种是龙卷风在
xíng chéng huò yí dòng de guò chéng zhōng
形成或移动的过程中
yù dào le huǒ yuán huǒ yàn bèi lóng juǎn
遇到了火源，火焰被龙卷
fēng xī rù hòu yǐn rán le kōng qì zhōng de yì rán qì tǐ yě huì
风吸入后，引燃了空气中的易燃气体，也会
xíng chéng huǒ lóng juǎn
形成火龙卷。

huǒ lóng juǎn hěn kě pà pò huài lì yě hěn qiáng rán shāo zhe
火龙卷很可怕，破坏力也很强，燃烧着
de lóng juǎn fēng shèn zhì kě yǐ bǎ mǐ gāo de dà shù lián gēn bá
的龙卷风甚至可以把15米高的大树连根拔
qǐ cǐ wài huǒ lóng juǎn de hé xīn wēn dù gāo dá yuē shè
起。此外，火龙卷的核心温度高达约1090摄
shì dù yǒu xiē zhǐ rán shāo jǐ fēn zhōng yǒu xiē huì chí xù rán shāo
氏度，有些只燃烧几分钟，有些会持续燃烧
chāo guò fēn zhōng yǒu xiē zé kě néng chí xù rán shāo jǐ gè xiǎo
超过20分钟，有些则可能持续燃烧几个小
shí ér qiě hěn nán bèi pū miè
时，而且很难被扑灭。

扫码听一听

台风和龙卷风有什么区别？

22  森林着火也有好处？

sēn lín zháo huǒ yě yǒu hǎo chù dàn zhè qǔ jué yú huǒ de dà xiǎo
森林着火也有好处，但这取决于火的大小。

xiǎo huǒ yǒu hǎo chù huǒ shāo de jiào xiǎo bō jí de fàn wéi
小火有好处，火烧得较小，波及的范围

yě bú dà shāo yí huìr jiù shāo wán le zhè duì yì xiē shù lái shuō
也不大，烧一会儿就烧完了，这对一些树来说

shì hǎo shì yīn wèi huǒ hěn nán shāo dào shù guān bú huì duì shù gàn
是好事，因为火很难烧到树冠，不会对树干

zào chéng dà miàn jī de shāo shāng fǎn ér huì ràng zhǒng zi zài gāo wēn
造成大面积的烧伤，反而会让种子在高温

de hōng kǎo xià luò dì ràng xīn shù shēng zhǎng chū lái
的烘烤下落地，让新树生长出来。

bǐ rú yún nán sōng tā men de zhǒng zi shì bèi sōng guǒ bāo guǒ
比如云南松，它们的种子是被松果包裹

zhe de sōng guǒ chéng shú hòu shàng miàn de lín piàn bú huì liè kāi
着的，松果成熟后，上面的鳞片不会裂开，

zhǒng zi yě bú huì tuō luò sēn lín
种子也不会脱落。森林

zháo huǒ shí jīng guò huǒ de hōng
着火时，经过火的烘

kǎo shù shang sōng guǒ de lín piàn
烤，树上松果的鳞片

jiù huì liè kāi bìng shì fàng chū zhǒng
就会裂开并释放出种

zi zhǒng zi diào dào huī jìn fù gài
子，种子掉到灰烬覆盖

的土壤里，就会开始发芽。

中等程度的火也有好处。这时的火烧得相对大一些，波及的范围更大一些，持续时间也更长。火会把森林里一些年龄很老的树淘汰掉，为新树的生长提供机会，让森林里的树进行更替。此外，火还可以烧掉地表的一些枯枝落叶，让更多矿物质释放出来，提高土壤的肥力。

太大、太频繁的林火会造成财产损失、空气污染，甚至会威胁人们的生命安全。所以森林着火虽然有好处，但也不能随便烧。

想一想

森林大火会给森林带来哪些危害呢？

23 火山爆发时会喷火山灰？

火山灰是火山喷出的细小的、像灰尘一样的颗粒，是由岩浆分解而成的。

不同火山喷出来的岩浆状态是不一样的。有些岩浆黏度小，这种岩浆会直接从火山口流出来。

有些岩浆特别黏稠，这种岩浆不太容易从火山口喷出来，先出来的岩浆还会堵在火山口，挡住下面的岩浆。但是下面的岩浆还在不断涌出，同时火山里面还会产生一些气体，这些被堵住的气体和岩浆就会在火山

lǐ miàn chǎn shēng hěn dà de yā lì
里面产生很大的压力。

dāng zhè ge yā lì dá dào yí dìng zhí huǒ shān jiù huì fā shēng
当这个压力达到一定值，火山就会发生

bào zhà shì pēn fā yán jiāng bèi pēn dào kōng zhōng suí zhe wēn dù kuài
爆炸式喷发。岩浆被喷到空中，随着温度快

sù jiàng dī yán jiāng wēi lì jiù huì lěng què chéng hěn xiǎo de suì shí hé
速降低，岩浆微粒就会冷却成很小的碎石和

kuàng wù jīng tǐ zhī lèi de dōng xi zhè jiù shì huǒ shān huī
矿物晶体之类的东西，这就是火山灰。

huǒ shān huī bǐ jiào xiǎo qí zhí jìng xiǎo yú háo mǐ rú
火山灰比较小，其直径小于2毫米，如

guǒ pēn chū de yán jiāng xíng chéng bǐ jiào dà de shí kuài zé chēng
果喷出的岩浆形成比较大的石块，则称

wéi huǒ shān dàn huǒ shān dàn bǐ jiào wēi xiǎn bù jǐn huì pò huài jiàn
为火山弹。火山弹比较危险，不仅会破坏建

zhù hái huì wēi hài rén de shēng mìng ān quán
筑，还会危害人的生命安全。

想一想

世界上有哪些有名的活火山？

24 火山爆发到底有多危险？

huǒ shān bào fā shí dì qiú nèi bù de yán
火山爆发时，地球内部的岩
jiāng hé qì tǐ děng wù zhì huì bú duàn de cóng huǒ
浆和气体等物质会不断地从火
shān kǒu pēn chū yán jiāng de wēn dù hěn gāo
山口喷出。岩浆的温度很高，
kě yǐ dá dào shè shì dù suī rán tīng
可以达到1400摄氏度。虽然听
shàng qù hěn kě pà bú guò yán jiāng bìng bú
上去很可怕，不过，岩浆并不
shì zuì wēi xiǎn de yīn wèi zài yì bān qíng
是最危险的。因为，在一般情
kuàng xià yán jiāng de liú dòng sù dù bìng bú
况下，岩浆的流动速度并不
kuài rú guǒ nǐ pǎo de hěn kuài hái shi yǒu jī huì
快，如果你跑得很快，还是有机会
táo tuō de
逃脱的。

jì rán rú cǐ yù dào huǒ shān bào fā
既然如此，遇到火山爆发，
shì bú shì zhǐ yào pǎo de gòu kuài jiù
是不是只要跑得够快，就
bú huì yù dào wēi xiǎn le
不会遇到危险了
ne bìng
呢？并

bú shì huǒ shān bào fā de shí hou zuì wēi xiǎn zuì
不是，火山爆发的时候，最危险、最
nán duǒ bì de shì huǒ shān suì xiè liú
难躲避的是火山碎屑流。

huǒ shān suì xiè liú shì yì zhǒng jiā zá zhe dà
火山碎屑流是一种夹杂着大
liàng suì xiè wù hé qì tǐ de liú tǐ tā de wēn
量碎屑物和气体的流体，它的温
dù fēi cháng gāo kě yǐ dá dào shè shì
度非常高，可以达到1000摄氏
dù zuǒ yòu bìng qiě huǒ shān suì xiè liú de yí
度左右。并且，火山碎屑流的移
dòng sù dù tè bié kuài kě yǐ dá dào yuē
动速度特别快，可以达到约
měi xiǎo shí qiān mǐ zhè yàng
每小时700千米，这样
gāo wēn gāo sù de huǒ shān suì xiè
高温、高速的火山碎屑
liú yǒu zhe fēi cháng qiáng de pò huài
流有着非常强的破坏
lì kě yǐ jī suì bìng shāo huǐ tā
力，可以击碎并烧毁它
yù dào de yí qiè
遇到的一切。

想一想

你知道世界上近期有哪些火山喷发过吗？

25

火山爆发曾毁掉一个古国？

历史上有一个古王国，它的毁灭很可能与火山爆发有关。

在印度尼西亚有一座默拉皮火山。默拉皮这个名字是音译过来的，在印度尼西亚语里，这个词就有火山的意思。默拉皮火山是印度尼西亚最活跃的火山之一，每隔两三年，它就会小规模地喷发一次；每隔十几年，就会大规模地喷发一次。

默拉皮火山所在的爪哇岛，是东南亚人口最多的岛屿之一。在这座岛上，人类曾先后建立过好几个小王国。公元8世纪，爪

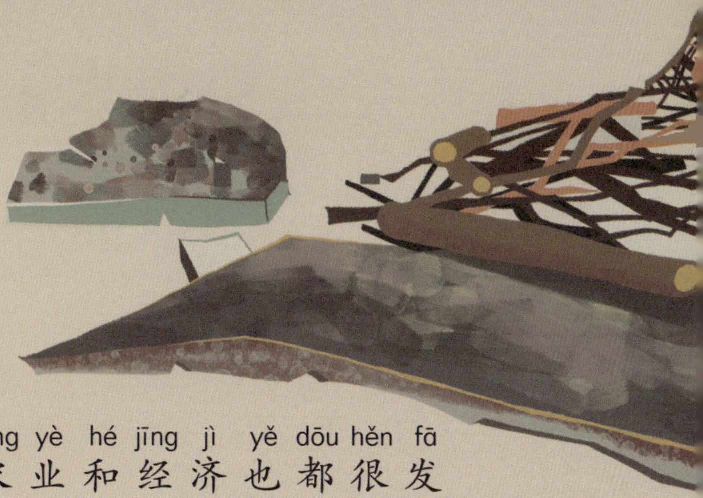

wā dǎo de zhōng bù dì
哇岛的中部地
qū chū xiàn le yí gè
区出现了一个
jiào mǎ tǎ lán de wáng
叫马塔兰的王
guó zhè ge wáng guó
国。这个王国
yǐ jīng yǒu le wén zì nóng yè hé jīng jì yě dōu hěn fā
已经有了文字，农业和经济也都很发
dá dàn shì shì jì shí zhè ge guó jiā tū rán jiù cóng lì shǐ
达。但是11世纪时，这个国家突然就从历史
shang xiāo shī le
上消失了。

ér zài mò lā pí huǒ shān de nán pō rén men fā xiàn le yì
而在默拉皮火山的南坡，人们发现了一
xiē bèi huǒ shān chén jī wù yǎn mái de gǔ jiàn zhù yóu cǐ lì shǐ
些被火山沉积物掩埋的古建筑。由此，历史
xué jiā tuī cè mǎ tǎ lán wáng guó hěn kě néng jiù shì yīn wèi huǒ shān
学家推测，马塔兰王国很可能就是因为火山
bào fā cái miè wáng de
爆发才灭亡的。

想一想

你知道默拉皮火山最近一次喷发是在什么时候吗？

26 北极海水结成的冰居然很重要？

shuō dào běi jí hǎi bīng nǐ zhī dào kē xué jiā wèi shén me yì
说到北极海冰，你知道科学家为什么一
zhí zài qiáng diào yào bǎo hù běi jí hǎi bīng ma nǐ kě néng huì xiǎng
直在强调要保护北极海冰吗？你可能会想：
shǎo le yì diǎnr hǎi bīng néng yǒu shén me dà bu liǎo de ne
少了一点儿海冰，能有什么大不了的呢？

qí shí běi jí hǎi bīng fēi cháng zhòng yào běi jí hǎi bīng
其实，北极海冰非常重要。北极海冰
néng gòu píng héng hǎi shuǐ de wēn dù yóu yú tā men de cún zài běi
能够平衡海水的温度，由于它们的存在，北
jí de hǎi shuǐ zài dōng tiān jiù bú huì tài lěng yīn wèi hǎi bīng huì bǎ
极的海水在冬天就不会太冷。因为海冰会把
hǎi shuǐ hé lěng kōng qì gé kāi zhè jiù děng yú shì zài gěi hǎi shuǐ bǎo
海水和冷空气隔开，这就等于是在给海水保
wēn bǎo zhèng le běi jí hǎi yáng shēng wù de zhèng cháng shēng huó
温，保证了北极海洋生物的正常生活。

běi jí hǎi bīng yě kě yǐ píng héng běi jí de qì wēn fáng zhǐ
北极海冰也可以平衡北极的气温，防止
qì wēn guò gāo zhè shì yīn wèi hǎi bīng biǎo miàn de yán sè bǐ jiào
气温过高。这是因为海冰表面的颜色比较
qiǎn kě yǐ fǎn shè dà bù fen yáng
浅，可以反射大部分阳
guāng shǐ jí dì wéi chí yí gè lěng yuán
光，使极地维持一个冷源

de zhuàng tài rú guǒ hǎi bīng róng huà tài yáng zhí shè hǎi yáng
的状态。如果海冰融化，太阳直射海洋，
dà bù fen rè liàng bèi hǎi shuǐ xī shōu zhěng gè dì qū jiù huì biàn nuǎn
大部分热量被海水吸收，整个地区就会变暖，
hái huì dǎo zhì ōu zhōu xī bù hé měi zhōu běi bù chū xiàn jí duān tiān
还会导致欧洲西部和美洲北部出现极端天
qì jìn ér yǐng xiǎng quán qiú qì hòu
气，进而影响全球气候。

cǐ wài hǎi bīng hái yǒu jiǎn shǎo hǎi àn qīn shí bǎo hù bīng
此外，海冰还有减少海岸侵蚀，保护冰
jià wéi hù jí dì shēng tài píng héng děng zuò yòng suǒ yǐ shuō běi
架、维护极地生态平衡等作用。所以说，北
jí hǎi bīng fēi cháng zhòng yào tā de biàn huà duì běi jí shèn zhì
极海冰非常重要，它的变化对北极，甚至
quán qiú de qì hòu biàn huà dōu yǒu zhe zhòng dà de yǐng xiǎng
全球的气候变化都有着重大的影响。

想一想

南极海冰有什么作用呢？它们也在大量减少吗？

27  冰天雪地的北极也会着火？

我们总觉得北极冰天雪地，是不会着火的。其实并不然。

首先，我们需要知道，北极并不是到处都是冰。北极的中央是北冰洋，这里会结冰，并不容易着火。但北极的外围还有很多陆地，陆地上有苔原和针叶林，北极陆地面积约占总面积的38%，这些区域在干燥的季节很容易着火。

此外，这些陆地上有一些特别的土地——泥炭地。泥炭地是植物尸体长期积累形成的，含有大量的碳。本来，泥炭地里有很多水分，一般情况下是不会着火的。可是因为北极气候变暖，泥炭地里的水分变少，它就

huì biàn chéng yí gè hěn róng yì rán shāo de “dà méi qiú”, ér qiě
会变成一个很容易燃烧的“大煤球”，而且
yì shāo jiù néng shāo hěn jiǔ
一烧就能烧很久。

tóng shí, ní tàn dì shāo qǐ lái huì shì fàng chū dà liàng de èr
同时，泥炭地烧起来会释放出大量的二
yǎng huà tàn, èr yǎng huà tàn huì dǎo zhì quán qiú biàn nuǎn. ér quán
氧化碳，二氧化碳会导致全球变暖。而全
qiú biàn nuǎn bìng bù jūn yún, běi jí jiù shì yí gè biàn nuǎn tè bié
球变暖并不均匀，北极就是一个变暖特别
kuài de qū yù. zài chóng chóng rè làng de bāo wéi zhōng, běi
快的区域。在重重热浪的包围中，北
jí gèng róng yì zháo huǒ. zháo huǒ cì shù yuè duō, jiù
极更容易着火。着火次数越多，就
huì shì fàng chū yuè duō de èr yǎng huà tàn. zhè
会释放出越多的二氧化碳。这
yàng jiù huì xíng chéng è xìng xún huán,
样就会形成恶性循环，
dài lái gèng yán zhòng de huán jìng
带来更严重的环境
wèn tí
问题。

想一想

面对全球变暖，我们可以做点什么呢？

28 北极的冻土竟然有“毒”？

nián kē xué jiā fā xiàn běi jí de yǒng jiǔ dòng tǔ
2018年，科学家发现，北极的永久冻土
li yǒu tè bié duō de gǒng zhè zhǒng wù zhì shì yǒu dú de rú guǒ yǒng
里有特别多的汞。这种物质是有毒的，如果永
jiǔ dòng tǔ róng huà dà liàng de gǒng jiù huì bèi shì fàng chū lái
久冻土融化，大量的汞就会被释放出来。

gǒng sú chēng shuǐ yín shì yì zhǒng zhòng jīn shǔ yuán sù
汞，俗称水银，是一种重金属元素。
zài cháng wēn zhuàng tài xià tā chéng yè tài wǒ men cháng jiàn de
在常温状态下，它呈液态。我们常见的
tǐ wēn jì li de yín sè xì zhù jiù shì gǒng
体温计里的银色细柱就是汞。

běi jí de yǒng jiǔ dòng tǔ li yǒu duō shao gǒng jù měi guó
北极的永久冻土里有多少汞？据美国
dì zhì diào chá jú gū jì jí dì bīng chuān hé yǒng jiǔ dòng tǔ zhōng
地质调查局估计，极地冰川和永久冻土中
zǒng gòng chǔ cún zhe wàn dūn
总共储存着165.6万吨
gǒng yuē shì quán
汞，约是全
qiú qí tā lù
球其他陆

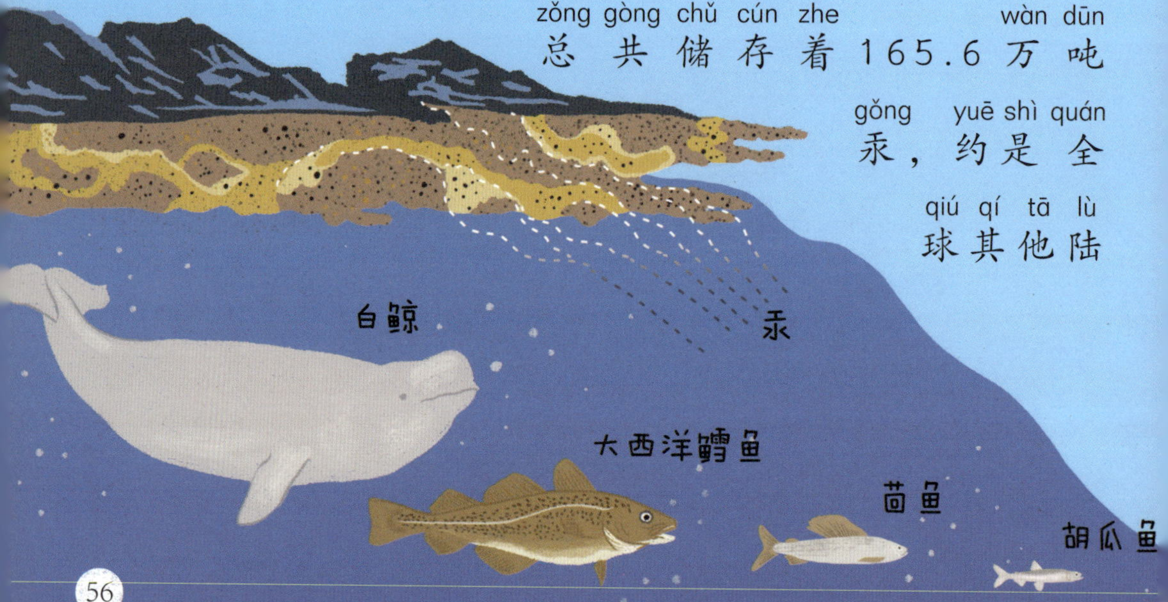

地、海洋和大气中汞含量的2倍。

北极永久冻土里的这些汞是从哪儿来的呢？原来，汞在自然界中是普遍存在的，森林着火、火山爆发和岩石风化等都会释放汞，人类燃烧煤炭和采矿等活动也会释放汞。这些汞最终会落回到陆地上或是水中，被鱼和其他动物吃到肚子里，并沿着食物链传递，之后，再通过在陆地、海洋和大气中复杂的迁移，很多汞就会进入北极，聚集到鱼、鸟和北极熊等动物，甚至雪毛茛等植物体内。这些动物和植物死后，被土壤层层覆盖，汞也就被封在了冻土里。时间长了，北极的冻土里就留下了大量的汞。

想一想

你知道汞的危害有哪些吗？

29 巨型冰间湖是怎么形成的？

jù xíng bīng jiān hú jiǎn dān shuō jiù shì yì zhǒng zài hǎi bīng
巨型冰间湖，简单说就是一种在海冰
zhōng jiān chū xiàn de jù dà de hú
中间出现的巨大的湖。

qí shí zǎo zài shì jì nián dài kē xué jiā jiù
其实，早在20世纪70年代，科学家就
zài nán jí fā xiàn guo zhè zhǒng jù xíng bīng jiān hú zhǐ bú guò yí
在南极发现过这种巨型冰间湖，只不过一
duàn shí jiān zhī hòu tā jiù zì dòng xiāo shī le suǒ yǐ rén men hái
段时间之后，它就自动消失了。所以人们还
yǐ wéi zhè kě néng zhǐ shì yì zhǒng ǒu rán xiàn xiàng dàn méi xiǎng
以为，这可能只是一种偶然现象。但没想
dào jǐ shí nián zhī hòu tā yòu chóng xīn chū xiàn le zhè jiù shuō
到，几十年之后，它又重新出现了。这就说
míng jù xíng bīng jiān hú de chū xiàn kě néng bìng bú shì ǒu rán xiàn
明，巨型冰间湖的出现可能并不是偶然现
xiàng ér shì yǒu yuán yīn de
象，而是有原因的。

gēn jù yán jiū rén yuán zài zì rán qī kān shang fā biǎo de
根据研究人员在《自然》期刊上发表的
lùn wén zhè zhǒng jù xíng bīng jiān hú de chū xiàn bù jǐn hé nán jí de
论文，这种巨型冰间湖的出现不仅和南极的
dōng jì fēng bào yǒu guān hái hé hǎi shuǐ de fēn céng yǒu guān nán jí
冬季风暴有关，还和海水的分层有关。南极
biǎo céng de hǎi shuǐ wēn dù bǐ jiào dī hán yán liàng yě bǐ jiào dī
表层的海水温度比较低，含盐量也比较低；

ér shēn céng de
而深层的
hǎi shuǐ wēn dù
海水温度
bǐ jiào gāo
比较高，
hán yán liàng yě
含盐量也
bǐ jiào gāo rú
比较高。如
guǒ nán jí de dōng jì fēng bào
果南极的冬季风暴
hěn qiáng liè jiù huì dǎ pò zhè zhǒng hǎi shuǐ fēn céng ràng biǎo céng
很强烈，就会打破这种海水分层，让表层
hé shēn céng de hǎi shuǐ xún huán liú dòng qǐ lái zhè yàng yì lái
和深层的海水循环流动起来。这样一来，
shēn céng jiào nuǎn de hǎi shuǐ jiù huì bú duàn de yǒng dào biǎo céng dào
深层较暖的海水就会不断地涌到表层，到
dá biǎo céng de hǎi shuǐ lěng què hòu mì dù zēng dà jiù huì chóng xīn
达表层的海水冷却后密度增大，就会重新
xià chén zài zhè zhǒng xún huán xià zhè yí kuài hǎi shuǐ de biǎo miàn
下沉。在这种循环下，这一块海水的表面
jiù hěn nán jié bīng xíng chéng le jù xíng bīng jiān hú
就很难结冰，形成了巨型冰间湖。

想一想

巨型冰间湖的出现是不是好事呢？为什么？

30 为什么要在南极的积雪下盖房子？

在南极的泰山站，我国的南极科考队建成了第一个南极雪下工程。他们不仅在积雪下组装了建筑，还安装了发电系统、新能源系统和污水处理系统等一系列配套设施。

为什么要把建筑和设施都建在积雪下呢？

泰山站是我国的第四个南极科考站，也是继昆仑站之后，第二个建在南极内陆的科考站。它位于中山站和昆仑站之间，是一个非常重要的中转枢纽站。

泰山站的一期工程，也是泰山站的主体工程，在2014年就完成了。这个雪下工

chéng shì tài shān zhàn de pèi tào gōng chéng tā jiàn zài jī xuě xià zhǔ
程是泰山站的配套工程。它建在积雪下主
yào shì yīn wèi tài shān zhàn suǒ zài de dì fang shì diǎn xíng de dà lù
要是因为泰山站所在的地方是典型的大陆
xìng qì hòu fēng tè bié dà huì juǎn qǐ dì miàn shang de xuě rú
性气候，风特别大，会卷起地面上的雪，如
guǒ jiàn zhù jiàn zài dì miàn shang jiàn zhù shang de xuě jiù huì yuè jī yuè
果建筑建在地面上，建筑上的雪就会越积越
duō zuì hòu zhěng gè jiàn zhù dōu huì bèi yǎn mái
多，最后整个建筑都会被掩埋。

chú le jiàn zài jī xuě xià hái yǒu yì zhǒng bàn fǎ shì jiàn zài
除了建在积雪下，还有一种办法是建在
kōng zhōng tài shān zhàn de yī qī gōng chéng jiù cǎi yòng le jià kōng
空中。泰山站的一期工程就采用了架空
de fāng shì bǎ zhǔ tǐ jiàn zhù jiàn dào le kōng zhōng yīn wèi jiàn zhù
的方式，把主体建筑建到了空中。因为建筑
hé dì miàn zhī jiān yǒu yí gè jià kōng céng suǒ yǐ xuě yì bān bú huì
和地面之间有一个架空层，所以雪一般不会
duī jī zài zhè lǐ bú yòng dān xīn jiàn zhù bèi yǎn mái
堆积在这里，不用担心建筑被掩埋。

想一想

你知道我国第一个南极科考站的名字吗？

31  北极和南极哪里更冷？

nán jí hé běi jí xiāng bǐ nán jí gèng lěng
南极和北极相比，南极更冷。

bǐ rú zhōng guó de běi jí kē kǎo zhàn huáng hé zhàn
比如，中国的北极科考站黄河站

hé nán jí kē kǎo zhàn kūn lún zhàn zhè liǎng gè kē kǎo
和南极科考站昆仑站，这两个科考

zhàn de wěi dù dōu hěn gāo dàn shì zài tóng yí gè jì
站的纬度都很高，但是在同一个季

jié zhè liǎng gè dì fang de fēng jǐng wán quán bù tóng
节，这两个地方的风景完全不同。

rú guǒ nǐ zài xià tiān de shí hou qù běi jí de huáng hé zhàn
如果你在夏天的时候去北极的黄河站，

jiù huì fā xiàn huáng hé zhàn fù jìn de jī xuě dōu yǐ jīng róng huà le
就会发现黄河站附近的积雪都已经融化了，

zhōu wéi hái huì zhǎng hěn duō tái yuán zhí wù yě shēng huó zhe yì xiē
周围还会长很多苔原植物，也生活着一些

hǎi niǎo dàn shì nán jí de kūn lún zhàn què wán quán shì lìng yì fān jǐng
海鸟；但是南极的昆仑站却完全是另一番景

xiàng nà lǐ xià jì zuì gāo wēn dù zhǐ yǒu yuē líng xià shè shì dù
象，那里夏季最高温度只有约零下10摄氏度，

fù jìn jī xuě nán róng dòng wù hé zhí wù hěn nán shēng cún
附近积雪难融，动物和植物很难生存。

shí jì shàng zhěng
实际上，整

gè nán jí de qì wēn
个南极的气温

都比北极低。一般情况下，南极的年平均气温为零下25摄氏度，但北极的年平均气温为10摄氏度。为什么南极比北极更冷呢？

这是因为南极的平均海拔有2350米，而北极的海拔和海平面差不多，海拔越高的地方温度也就越低。再加上南极大部分是陆地，受海洋影响较小，而北极大部分是北冰洋，在北大西洋暖流的作用下，低纬度的热量源源不断地被传到北极，因此北极比南极更为温暖。

想一想

你去过的最冷的地方是哪儿呢？那里的温度有多低？

32 科考人员在南极乘坐什么交通工具？

nǐ zhī dào kē kǎo rén yuán zài nán jí kǎo chá shí chéng zuò shén me
你知道科考人员在南极考察时乘坐什么
jiāo tōng gōng jù ma
交通工具吗？

nǐ kě néng huì xiǎng dào xuě qiāo dà bù fen xuě qiāo què shí kě
你可能会想到雪橇。大部分雪橇确实可
yǐ zài xuě shang huò bīng shang shǐ yòng dàn nán jí de fēng tè bié dà
以在雪上或冰上使用。但南极的风特别大，
yòng xuě qiāo lái yùn sòng zhuāng bèi hé wù zī děng bú tài xiàn shí
用雪橇来运送装备和物资等不太现实。

nà kě yǐ yòng qì chē ma qí shí qì chē yě bù fāng
那可以用汽车吗？其实，汽车也不方
biàn pǔ tōng de qì chē zài xuě shang xíng shǐ yīn wèi mó cā lì tài
便。普通的汽车在雪上行驶，因为摩擦力太
xiǎo chē lún jīng cháng huì dǎ huá zài nán jí de bīng chuān shang
小，车轮经常会打滑，在南极的冰川上
gèng shì cùn bù nán xíng
更是寸步难行。

rén men cóng qǐ é hé hǎi bào zhèi xiē dòng wù shēn shang dé dào
人们从企鹅和海豹这些动物身上得到
le qǐ fā tā men pā zài bīng xuě shang néng gòu kuài sù huá xíng
了启发：它们趴在冰雪上，能够快速滑行。
yú shì rén men bǎ tǎn kè lǚ dài yí yàng de jié gòu hé qì chē jié hé
于是人们把坦克履带一样的结构和汽车结合，
fā míng le shì hé jí dì kē xué kǎo chá de jiāo tōng gōng jù quán
发明了适合极地科学考察的交通工具——全

dì xíng chē nián
地形车。2019年，
wǒ men guó jiā yán fā de quán
我们国家研发的全
dì xíng chē nán jí hào
地形车“南极2”号
dā chéng xuě lóng hào jí dì kǎo chá chuán
搭乘“雪龙2”号极地考察船
bēn fù nán jí tā yóu qián hòu liǎng gè chē tǐ zǔ chéng wèi le shì
奔赴南极。它由前后两个车体组成，为了适
yìng nán jí bīng xuě fù gài de lù miàn qián hòu liǎng gè chē dōu zhuāng le
应南极冰雪覆盖的路面，前后两个车都装了
xiàng tǎn kè yí yàng de lǚ dài zhè liàng chē shì shuǐ lù liǎng qī de
像坦克一样的履带。这辆车是水陆两栖的，
yù dào fù zá dì xíng shèn zhì bīng gài pò liè yě chén bú xià qù kě
遇到复杂地形，甚至冰盖破裂也沉不下去，可
yǐ zài shuǐ zhōng xiàng chuán yí yàng fú qǐ lái bǎo hù kē kǎo rén yuán
以在水中像船一样浮起来，保护科考人员
de ān quán
的安全。

想一想

如果有机会，你想不想去南极旅游呢？你最想看南极的什么动物呢？

33 为什么“雪龙”号会撞上冰山？

gēn jù guó jiā hǎi yáng jú jí dì kǎo chá bàn gōng shì guān wǎng
根据国家海洋局极地考察办公室官网
de bào dào nián yuè wǒ guó de xuě lóng hào jí
的报道，2019年1月，我国的“雪龙”号极
dì kǎo chá chuán zài nán jí de ā méng sēn hǎi mì jí bīng qū háng xíng
地考察船在南极的阿蒙森海密集冰区航行
shí bù xiǎo xīn zhuàng dào le bīng shān
时，不小心撞到了冰山。

nǐ kě néng huì gǎn dào hào qí wèi shén me xiàn zài kē jì zhè
你可能会感到好奇，为什么现在科技这
me fā dá xuě lóng hào hái huì zhuàng shàng bīng shān ne zhè
么发达，“雪龙”号还会撞上冰山呢？这
hái děi cóng xuě lóng hào zhí xíng rèn wu de zhè piàn hǎi yù shuō qǐ
还得从“雪龙”号执行任务的这片海域说起。
zhè piàn hǎi yù jiào ā méng sēn hǎi tā de dà bù fen hǎi miàn dōu bèi
这片海域叫阿蒙森海，它的大部分海面都被
bīng xuě fù gài bīng céng de píng jūn hòu dù néng dá dào mǐ
冰雪覆盖，冰层的平均厚度能达到3000米。

随着全球变暖，这里的冰开始融化，这片海域也出现了密集的浮冰和冰山。而我国的科考人员很少去这片海域，对这里海冰的分布并不是很了解。“雪龙”号上虽然有可以探测物体方向、高度、形状和相对距离的设备，但需要探测的浮冰和冰山太多，设备都死机了。科考人员就只能靠探照灯在乱冰中摸索前进。

屋漏偏逢连夜雨。本来这里浮冰和冰山密集，航行条件就差，又偏偏出现了大雾，四周被大雾笼罩，科考人员根本看不清远处，“雪龙”号这才不小心撞到了冰山上。

想一想

你知道咱们国家在南极有几个科考站吗？它们都叫什么名字呢？

34 东南西北是怎么确定的？

很多人都会认为，东是太阳升起的方向，西是太阳落下的方向，南是指南针指的方向，北是北极星所在的方向。其实这样定位并不精确，因为这些参照物都是会变的。

比如，我们都知道，太阳从东边升起。但实际上，太阳升起的方向会随着季节更迭而变化。一个总在变化的事物，是无法作为参照标准的。不过，在我国，每年的春分和秋分这两天，太阳是从正东升起，正西落下的。所以，严格来说，东是春分和秋分时太阳升起的方

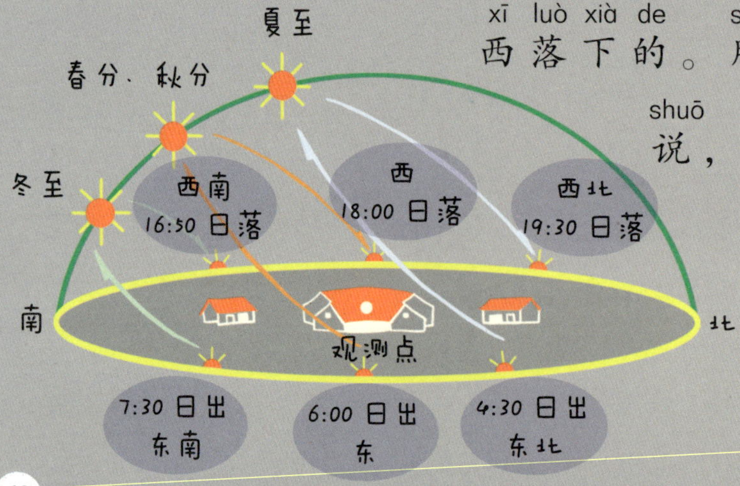

xiàng xī shì chūn fēn hé qiū fēn shí tài
向，西是春分和秋分时太

yáng luò xià de fāng xiàng
阳落下的方向。

cǐ wài zhǐ nán zhēn
此外，指南针

zhǐ xiàng de bìng fēi shì dì lǐ shang
指向的并非是地理上

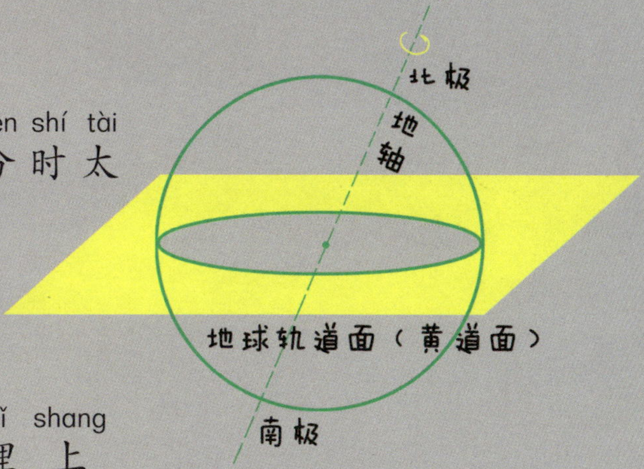

de zhèng nán zhèng běi ér shì dì qiú de nán běi cí jí zhè liǎng gè
的正南正北，而是地球的南北磁极。这两个

cí jí yí gè zài běi jí fù jìn yí gè zài nán jí fù jìn dàn bìng
磁极一个在北极附近，一个在南极附近，但并

méi yǒu hé běi jí diǎn huò nán jí diǎn chóng hé ér qiě tā men de
没有和北极点或南极点重合，而且，它们的

wèi zhì hái zài bú duàn biàn huà zhōng
位置还在不断变化中。

běi jí xīng jī hū zài běi jí shàng fāng dàn réng rán bú gòu jīng
北极星几乎在北极上方，但仍然不够精

què nà me rú hé jīng zhǔn dìng wèi nán běi ne wǒ men dōu jiàn
确。那么，如何精准定位南北呢？我们都见

guo dì qiú yí dì qiú rào zhe dì zhóu zì zhuàn dì zhóu yǔ dì qiú biǎo
过地球仪，地球绕着地轴自转，地轴与地球表

miàn de jiāo diǎn jiù shì nán jí hé běi jí suǒ yǐ nán hé běi fēn
面的交点，就是南极和北极。所以，南和北分

bié shì zhǐ xiàng dì lǐ shang de nán jí hé běi jí de fāng xiàng
别是指向地理上的南极和北极的方向。

想一想

如果你去了一个陌生的地方，该如何辨别东西南北呢？

35 科学家突然要调整世界磁场模型？

根据《自然》期刊发表的一篇文章显示，地球磁北极的移动速度突然变快了很多，以至于科学家们不得不临时调整世界磁场模型。

我们都知道地球是有磁场的，所以地球除了有地理上的南北极之外，还有一个地球磁场的南北极。不过跟地理上的南北极不一样，地球磁场的南北极不是固定的。

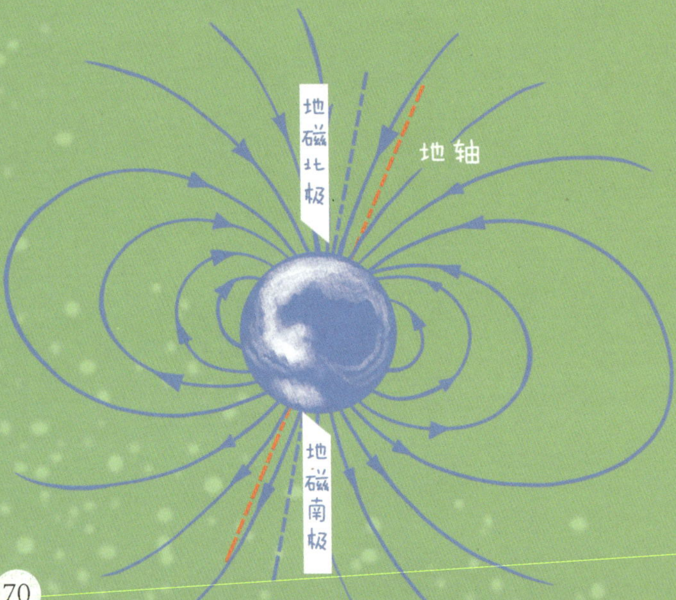

比如现在，地磁北极已经到达了北冰洋中部，并开始向俄罗斯西伯

lì yà yí dòng
利亚移动。

suǒ yǐ měi guó hé yīng guó de zhèng
所以美国和英国的政

fǔ bù mén hé zuò yán jiū chū le yí gè
府部门合作研究出了一个

dì qiú cí chǎng de shù xué mó xíng yòng
地球磁场的数学模型，用

lái miáo shù dì qiú cí chǎng de fēn bù zhè ge
来描述地球磁场的分布。这个

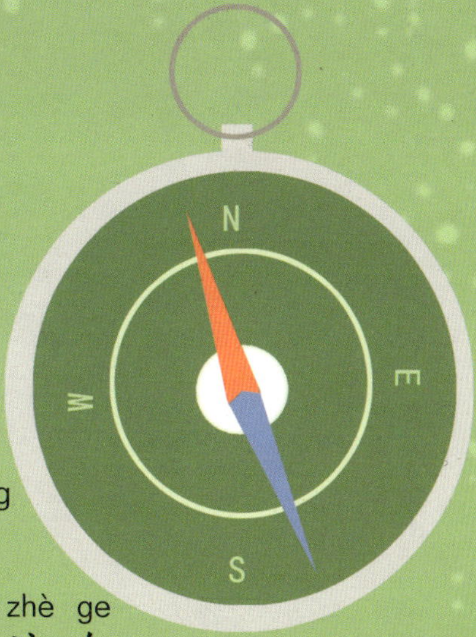

shù xué mó xíng jiù shì shì jiè cí chǎng mó xíng yóu yú cí jí de yí
数学模型就是世界磁场模型。由于磁极的移

dòng shì jiè cí chǎng mó xíng měi gé yí duàn shí jiān dōu yào àn zhào
动，世界磁场模型每隔一段时间，都要按照

shí jì qíng kuàng tiáo zhěng yí cì zhè ge shí jiān yì bān shì nián
实际情况调整一次，这个时间一般是5年。

dàn shì zhè cì dì cí běi jí de yí dòng sù dù tū rán biàn kuài le
但是这次，地磁北极的移动速度突然变快了

hěn duō dǎo zhì rén men shǐ yòng dǎo háng de wù chā jiào dà
很多，导致人们使用GPS导航的误差较大，

suǒ yǐ bì xū tí qián tiáo zhěng
所以必须提前调整。

想一想

你使用过手机GPS导航吗？当时是导航去的哪儿呢？

36 极光是怎么形成的？

zài nán jí hé běi jí děng gāo wěi dù dì qū tiān kōng zhōng ǒu
在南极和北极等高纬度地区，天空中偶
ěr huì chū xiàn hóng sè lǜ sè děng cǎi sè de guāng huī xíng zhuàng
尔会出现红色、绿色等彩色的光辉，形状
duō biàn càn làn měi lì zhè jiù shì jí guāng
多变，灿烂美丽，这就是极光。

jí guāng de xíng chéng hé tài yáng yǒu guān tài yáng de shàng céng
极光的形成和太阳有关。太阳的上层
dà qì li huì shè chū hěn duō dài diàn de lì zǐ liú tā men de sù
大气里，会射出很多带电的粒子流，它们的速
dù hěn kuài jiù xiàng fēng yí yàng rén de ròu yǎn kàn bú jiàn wǒ
度很快，就像风一样，人的肉眼看不见，我
men bǎ zhè xiē dài diàn de lì zǐ liú chēng wéi tài yáng fēng
们把这些带电的粒子流称为太阳风。

tài yáng fēng xiàng sì miàn bā fāng chuī yǒu xiē jiù zhèng hǎo chuī
太阳风向四面八方吹，有些就正好吹
xiàng le dì qiú ér dì qiú jiù xiàng yí kuài dà cí tiě huì bǎ dì
向了地球。而地球就像一块大磁铁，会把地
qiú fù jìn de tài yáng fēng de lì zǐ gěi xī guò lái dàn zhè bìng bú shì
球附近的太阳风的粒子给吸过来。但这并不是
shuō bǎ tài yáng fēng de lì zǐ píng jūn de xī fù zài dì qiú biǎo miàn
说把太阳风的粒子平均地吸附在地球表面。

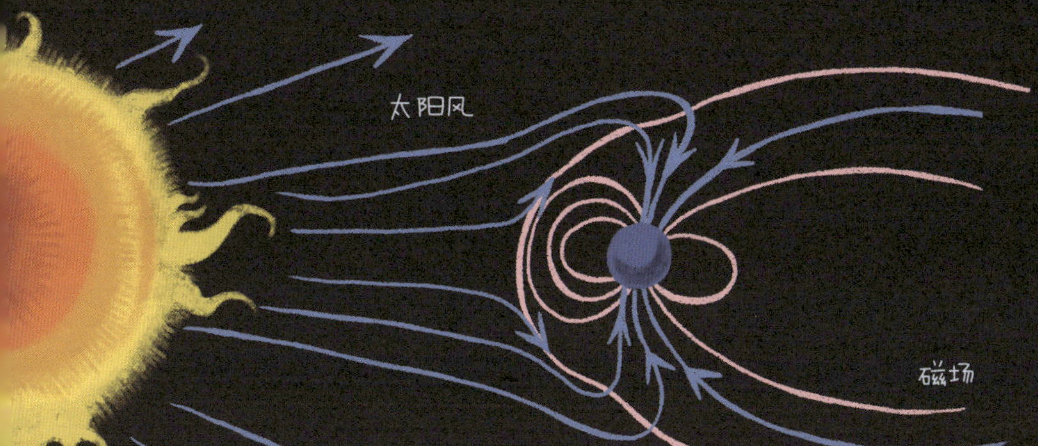

nǐ yào shi guān chá guo cí tiě xī tiě fěn de huà jiù huì fā xiàn cí
你要是观察过磁铁吸铁粉的话，就会发现，磁
tiě de liǎng jí huì xī fù gèng duō tiě fěn dì qiú de nán běi liǎng jí
铁的两极会吸附更多铁粉。地球的南北两极
yě shì zhè yàng hěn duō tài yáng fēng dài lái de lì zǐ dōu pǎo dào le
也是这样，很多太阳风带来的粒子，都跑到了
nán běi liǎng jí
南北两极。

dāng dài diàn lì zǐ liú jìn rù nán běi liǎng jí gāo céng dà qì
当带电粒子流进入南北两极高层大气
shí tā men huì gēn dà qì li de qí tā lì zǐ fā shēng pèng zhuàng
时，它们会跟大气里的其他粒子发生碰撞，
shì fàng néng liàng néng liàng shì fàng shí huì chǎn shēng guāng máng yú
释放能量。能量释放时会产生光芒，于
shì zài nán běi liǎng jí děng gāo wěi dù dì qū jiù huì chū xiàn měi
是，在南北两极等高纬度地区，就会出现美
lì de jí guāng le
丽的极光了。

想一想

除了极光，你还知道天空中有哪些美丽的自然现象？

第四篇：人类与自然

37 赤潮是红色的潮水吗？

赤潮，是海水中某些浮游藻类疯狂生长而引起的海水变色，是海洋生态系统中的一种异常现象。

赤潮产生的原因比较复杂。其中，人类活动会增加赤潮发生的频率。人们把工业废水和生活污水等排到海里，导致近海、港湾海水中的氮元素、磷元素等物质增多，为藻类提供了大量养分，促使它们疯狂生长。

此外，海水温度升高也是诱发赤潮的重要原因。科学家发现，20～30摄氏度是

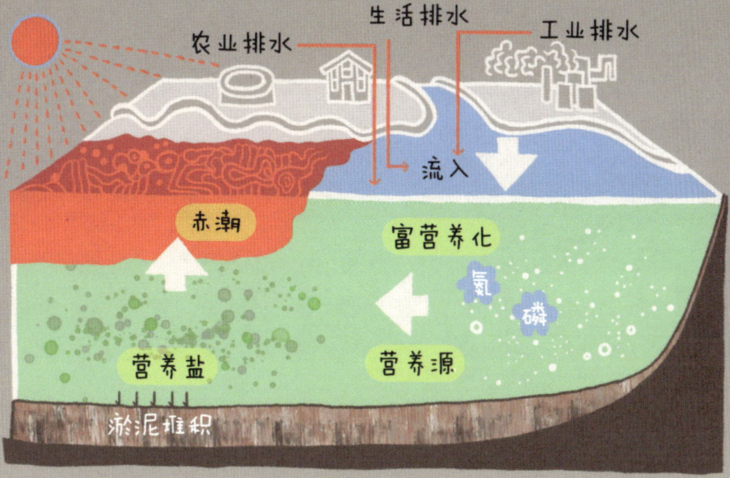

chì cháo fā shēng de
赤潮发生的
shì yí wēn dù rú
适宜温度，如
guǒ yì zhōu nèi shuǐ
果一周内水
wēn tū rán shēng gāo
温突然升高
dà yú shè shì dù jiù hěn kě néng huì fā shēng chì cháo
大于2摄氏度，就很可能会发生赤潮。

chì cháo kě bù guāng shì hǎi shuǐ biàn sè zhè me jiǎn dān tā shì
赤潮可不光是海水变色这么简单，它是
yì zhǒng yǒu hài de shēng tài xiàn xiàng yǒu xiē zǎo lèi shì yǒu dú de
一种有害的生态现象。有些藻类是有毒的，
tā men de shù liàng duō le yǐ hòu yú hé xiā děng róng yì dà liàng tūn
它们的数量多了以后，鱼和虾等容易大量吞
shí zhè xiē yǒu dú zǎo lèi dǎo zhì zhòng dú sǐ wáng rén chī le zhè
食这些有毒藻类，导致中毒死亡。人吃了这
yàng de yú hé xiā yě huì wēi hài shēn tǐ jiàn kāng jí shǐ zǎo lèi
样的鱼和虾，也会危害身体健康。即使藻类
méi yǒu dú tā men de fēn mì yè huò sǐ wáng hòu fēn jiě chǎn shēng
没有毒，它们的分泌液或死亡后分解产生
de nián yè yě huì fù zhuó zài yú hé xiā děng hǎi yáng shēng wù de
的黏液，也会附着在鱼和虾等海洋生物的
sāi shang ràng tā men zhì xī sǐ wáng
鳃上，让它们窒息死亡。

扫码听一听

为什么有时候大海会流出“蓝眼泪”？

38 洗衣服也会引起海洋污染？

yīng guó de kē xué jiā fā xiàn zài shì jiè shang jiào shēn de
英国的科学家发现，在世界上较深的6
tiáo hǎi gōu li xǔ duō shēng wù zhèng zài shí yòng wēi sù liào tā
条海沟里，许多生物正在食用微塑料。他
men hái fā xiàn hǎi gōu yuè shēn shēng wù tǐ nèi de wēi sù liào hán
们还发现，海沟越深，生物体内的微塑料含
liàng jiù yuè gāo
量就越高。

wēi sù liào jiù shì zhí jìng xiǎo yú háo mǐ de sù liào suì piàn hé
微塑料就是直径小于5毫米的塑料碎片和
kē lì wēi sù liào de lái yuán fēi cháng duō yǒu sù liào lā jī hé
颗粒。微塑料的来源非常多，有塑料垃圾和
huà zhuāng pǐn děng qí zhōng xǐ yī jī xǐ wán yī fu zhī hòu pái dào
化妆品等。其中，洗衣机洗完衣服之后排到
xià shuǐ dào li de fèi shuǐ yě shì wēi sù liào de zhòng yào lái yuán
下水道里的废水，也是微塑料的重要来源。

xǐ yī fu chǎn shēng de fèi shuǐ zěn
洗衣服产生的废水怎
me huì yǒu wēi sù liào ne yīn wèi wǒ men
么会有微塑料呢？因为我们
píng shí chuān de yī fu li yǒu shí hán yǒu
平时穿的衣服里有时含有
jǐn lún zhī lèi de sù liào zài yī fu de
锦纶之类的塑料，在衣服的
diào pái hé féng zài yī fu shang de biāo qiān
吊牌和缝在衣服上的标签

shang kě yǐ kàn dào zài xǐ yī
上可以看到。在洗衣
fu de guò chéng zhōng yì xiē sù
服的过程中，一些塑
liào xiān wéi huì tuō luò zhè xiē sù
料纤维会脱落。这些塑
liào xiān wéi suí zhe fèi shuǐ jīng guò pái
料纤维随着废水经过排
wū xì tǒng yí bù fen huì jìn rù
污系统，一部分会进入
hé liú zuì zhōng huì rù dà hǎi
河流，最终汇入大海。

wēi sù liào huì duì dà hǎi chǎn shēng shén me wēi hài ne gēn jù
微塑料会对大海产生什么危害呢？根据
mù qián de yán jiū wēi sù liào zhǔ yào de wēi hài shì nán yǐ fēn jiě
目前的研究，微塑料主要的危害是难以分解，
bìng qiě huì xī fù wū rǎn wù hé bìng yuán tǐ dài yǒu wū rǎn wù hé
并且会吸附污染物和病原体，带有污染物和
bìng yuán tǐ de wēi sù liào bèi hǎi yáng shēng wù shí yòng hòu huì jī
病原体的微塑料被海洋生物食用后，会积
lěi zài hǎi yáng shēng wù tǐ nèi jìn ér yǐng xiǎng zhěng gè hǎi yáng
累在海洋生物体内，进而影响整个海洋
shēng tài xì tǒng
生态系统。

想一想

有什么办法能减少洗衣废水中的塑料纤维呢？

39 太平洋上真的有垃圾岛吗？

根据美国国家地理网站报道，海洋中大量的塑料垃圾在东太平洋上形成了垃圾场，被称为太平洋垃圾岛。这个垃圾岛是由许多漂在海面上的垃圾构成的，人没有办法站在上面。

为什么这些垃圾会聚集在这里呢？这是因为太平洋温暖的水流遇到来自北极的寒冷水流，会形成顺时针旋转的北太平洋环流，类似于飓风。环流会把周围的垃圾带入中心，这里像飓风眼一样平静和稳定。

这些垃圾中，46%是渔网、绳索等渔业用

具。这些东西非常危险，它们会缠住鲸鱼、海豹和海龟等海洋动物。据统计，每年会有10万只海洋动物因被勒住而受伤或者死亡。

垃圾里还有很多塑料碎片。大量的塑料垃圾被排放进大海后，阳光和海浪慢慢地分解着它们，使它们变成一小块一小块的塑料碎片。塑料碎片随着海洋运动，在海洋里漂来漂去，逐渐汇聚在一起。

想一想

你觉得垃圾岛里的塑料垃圾都是从哪儿来的呢？有没有什么办法可以减少海洋中的塑料垃圾呢？

40  为什么海洋变暖会影响河豚的毒素？

hǎi yáng biàn nuǎn huì yǐng xiǎng hěn duō hǎi yáng dòng wù de shēng
海洋变暖会影响很多海洋动物的生
cún huán jìng yě huì duì rén men de yǐn shí chǎn shēng yí dìng de yǐng
存环境，也会对人们的饮食产生一定的影
xiǎng bǐ rú hěn duō rì běn rén dōu bù gǎn chī hé tún le zhè shì zěn
响，比如很多日本人都不敢吃河豚了。这是怎
me huí shì ne
么回事呢？

yīn wèi dà bù fen hé tún dōu yǒu dú rén men bù néng suí biàn luàn
因为大部分河豚都有毒，人们不能随便乱
chī yǒu xiē zhǒng lèi de hé tún dú sù fēn bù zài tǐ nèi gù dìng de
吃。有些种类的河豚，毒素分布在体内固定的
bù wèi suǒ yǐ rén men zhǐ yào bǎ yǒu dú de bù fen qù diào jiù kě yǐ
部位，所以人们只要把有毒的部分去掉，就可以
xiǎng yòng tā men le
享用它们了。

rì běn rén hěn ài chī hé tún wèi cǐ zài rì běn yǒu zhuān
日本人很爱吃河豚，为此，在日本有专
yè chú shī lái chǔ lǐ hé tún tā men jīng guò tè shū xùn liàn néng fēn
业厨师来处理河豚。他们经过特殊训练，能分

biàn hěn duō hé tún de zhǒng lèi yě zhī dào kě shí yòng pǐn zhǒng
辨很多河豚的种类，也知道可食用品种
de hé tún de dú sù fēn bù zài nǎ xiē bù wèi jīng guò tā men chǔ lǐ
的河豚的毒素分布在哪些部位。经过他们处理
de hé tún kě yǐ fàng xīn shí yòng
的河豚可以放心食用。

dàn shì xiàn zài yīn wèi hǎi yáng biàn nuǎn rì běn fù jìn hǎi yù de
但是现在因为海洋变暖，日本附近海域的
hé tún wèi le xún zhǎo gèng shū shì de shēng huó huán jìng kāi shǐ xiàng
河豚为了寻找更舒适的生活环境，开始向
běi fāng qiān yí zhè yàng yì lái zhè xiē qiān yí de hé tún kāi shǐ hé
北方迁移。这样一来，这些迁移的河豚开始和
qí tā hé tún zá jiāo yú shì chū xiàn le hěn duō xīn pǐn zhǒng
其他河豚杂交，于是出现了很多新品种。
yīn wèi méi yǒu rén zhī dào zhè xiē hé tún tǐ nèi de dú sù
因为没有人知道这些河豚体内的毒素
fēn bù zài nǎ xiē bù wèi suǒ yǐ zhè xiē xīn pǐn
分布在哪些部位，所以这些新品
zhǒng de hé tún jiù méi rén gǎn chī le
种的河豚就没人敢吃了。

想一想

你还知道哪些有毒所以不能随便吃的食物呢？

41 核污染区真的寸草不生吗？

hé fú shè duì rén de yǐng xiǎng kě yǐ shuō shì zhì mìng de
核辐射对人的影响可以说是致命的，
dàn shì duì zhí wù què bù tóng kē xué jiā fā xiàn yǒu yì xiē fā
但是对植物却不同。科学家发现，有一些发
shēng guo hé bào zhà de dì fang zhí wù réng rán shēng jī bó bó
生过核爆炸的地方，植物仍然生机勃勃。

bǐ rú bǐ jī ní huán jiāo wèi yú běi tài píng yáng de mǎ shào
比如，比基尼环礁位于北太平洋的马绍
ěr qún dǎo měi guó bǎ zhè ge dì fang zuò wéi hé shì yàn diǎn cóng
尔群岛，美国把这个地方作为核试验点，从
nián dào nián gòng tóu xià guo kē yuán zǐ dàn hé
1946年到1958年，共投下过23颗原子弹和
qīng dàn kě kē xué jiā men fā xiàn dǎo shang réng rán shēng zhǎng zhe
氢弹。可科学家们发现，岛上仍然生长着
hěn duō zhí wù rú yē zi shù xiāng jiāo shù hé nán guā děng ér qiě
很多植物，如椰子树、香蕉树和南瓜等。而且
zhè xiē zhí wù kàn qǐ lái réng rán shì jiàn kāng de bìng méi yǒu yīn shòu
这些植物看起来仍然是健康的，并没有因受

hé fú shè yǐng xiǎng biàn chéng qí guài de yàng zi
核辐射影响变成奇怪的样子。

nán dào zhí wù bú pà hé fú shè ma zhí wù bú huì yīn hé fú shè ér shēng bìng ma
难道植物不怕核辐射吗？植物不会因核辐射而生病吗？

yí gè yuán yīn shì zhí wù duì huán jìng de shì yìng xìng bǐ jiào qiáng tā men de měi gè xì bāo dōu xié dài wán zhěng de jī yīn zài shòu dào hé fú shè hòu sǔn shāng de xì bāo kě yǐ zì wǒ xiū fù ér rén de xì bāo méi yǒu zhè yàng de gōng néng shòu sǔn hòu jiù nán yǐ huī fù
一个原因是植物对环境的适应性比较强，它们的每个细胞都携带完整的基因，在受到核辐射后，损伤的细胞可以自我修复。而人的细胞没有这样的功能，受损后就难以恢复。

lìng yí gè yuán yīn shì suī rán hé fú shè cháng qī cún zài dàn shì dǎo shang méi yǒu rén lèi de pò huài fǎn ér gèng yǒu lì yú yě shēng zhí wù de shēng zhǎng
另一个原因是，虽然核辐射长期存在，但是岛上没有人类的破坏，反而更有利于野生植物的生长。

想一想

你知道核辐射有什么危害吗？

42 气候会影响人的性格吗？

2018年4月19日，英国伦敦的天气达到了29.1摄氏度，这是自1949年以来同时期的最高温度，而在4月初，很多英国人还穿着羽绒服，这就像是从冬天直接跳到了夏天。摆脱了潮湿和阴冷，英国人非常高兴，很多人都跑到沙滩上和公园里去晒太阳了。

英国经常是阴天，所以一出太阳，平时一脸严肃的英国人，也会变得情绪高涨。看来，天气会对人的情绪有影响。但你知道吗？一个地方的气候对人的性格的

xíng chéng yě huì chǎnshēng yí dìng de yǐngxiǎng
形成也会产生一定的影响。

yǒu yí gè gài niàn zhuān mén lái miáo shù zhè zhǒng xiàn xiàng
有一个概念，专门来描述这种现象，
zhè ge gài niàn jiào dì yuán xìng gé suǒ wèi dì yuán xìng gé shì zhǐ
这个概念叫地缘性格。所谓地缘性格，是指
rén de xìng gé gēn tā suǒ shēng huó de huán jìng qì hòu yǒu yí dìng
人的性格跟他所生活的环境、气候有一定
de guān xì bǐ rú shēng huó zài rè dài dì qū de rén zài shì wài huó
的关系。比如，生活在热带地区的人在室外活
dòng de shí jiān bǐ jiào duō suǒ yǐ xìng gé duō bào zào yì nù ér
动的时间比较多，所以性格多暴躁易怒；而
zhù zài hán lěng dì qū de rén yīn wèi shì wài huó dòng bǐ jiào shǎo
住在寒冷地区的人，因为室外活动比较少，
zài shì nèi hé rén zhāo xī xiāng chǔ de shí jiān bǐ jiào duō bǐ jiào néng
在室内和人朝夕相处的时间比较多，比较能
kòng zhì zì jǐ de qíng xù yǎng chéng le shàn yú rěn nài de xìng gé
控制自己的情绪，养成了善于忍耐的性格。

想一想

你最喜欢什么气候？为什么？

43 自然资源越丰富，国家就越发达吗？

yǒu yí gè jīng jì xué míng cí jiào zī yuán zǔ zhòu
有一个经济学名词，叫“资源诅咒”。

guò qù rén men zǒng shì yǐ wéi yí gè dì fang yǒu fēng fù de zì
过去，人们总是以为，一个地方有丰富的自

rán zī yuán shì hǎo shì kě shì shí zhèng míng hěn duō zì rán zī yuán
然资源是好事。可事实证明，很多自然资源

fēng fù de guó jiā jīng jì zēng zhǎng fǎn ér hěn màn shèn zhì méi yǒu
丰富的国家，经济增长反而很慢，甚至没有

zēng zhǎng zhè shì wèi shén me ne
增长。这是为什么呢？

qí zhōng yí gè yuán yīn shì yǒu xiē guó jiā guò fèn yī lài zì rán
其中一个原因是有些国家过分依赖自然

zī yuán méi yǒu kǎo lǜ kě chí xù fā zhǎn yě jiù shì shuō tā men
资源，没有考虑可持续发展。也就是说，他们

zhǔ yào yī kào zì rán zī yuán lái zhuàn qián què méi yǒu xíng chéng ràng
主要依靠自然资源来赚钱，却没有形成让

jīng jì zēng zhǎng de qí tā zhòng yào chǎn yè bǐ rú hěn duō zhōng
经济增长的其他重要产业。比如，很多中

dōng guó jiā yīn wèi yǒu shí yóu zī yuán dōu fēi cháng fù yǒu dàn
东国家，因为有石油资源，都非常富有，但

bìng bú shì fā dá guó jiā yīn wèi tā men yī kào xiāo
并不是发达国家。因为他们依靠销

shòu shí yóu zhuàn qián ér shí
售石油赚钱，而石

yóu zhī wài de háng yè fā zhǎn
油之外的行业发展

chéng dù bǐ jiào dī
程度比较低。

dāng rán zī yuán zǔ zhòu
当然，“资源诅咒”

yě bú shì wán quán méi yǒu bàn fǎ pò
也不是完全没有办法破

chú dí bài jiù zuò de hěn hǎo tā
除。迪拜就做得很好，他

men bìng méi yǒu chén mí yú kāi cǎi shí yóu dài lái de
们并没有沉迷于开采石油带来的

fù yù ér shì chōng fèn lì yòng xiāo shòu shí yóu dài lái de
富裕，而是充分利用销售石油带来的

shōu rù bǎ tā men zuò wéi dì yī tǒng jīn fā zhǎn duō zhǒng jīng
收入，把它们作为第一桶金，发展多种经

jì tā men xiān shi zhuó zhòng yú jī chǔ jiàn shè bǐ rú xīng jiàn gǎng
济。他们先是着重于基础建设，比如兴建港

kǒu jī chǎng děng zài cǐ jī chǔ shang yòu fā zhǎn le mào yì wù
口、机场等；在此基础上又发展了贸易物

liú lǚ yóu huì zhǎn fáng dì chǎn hé jīn róng chǎn yè rú jīn
流、旅游会展、房地产和金融产业。如今，

zhè sì dà chǎn yè yǐ jīng chéng le dí bài de zhī zhù chǎn yè
这四大产业已经成了迪拜的支柱产业。

想一想

你知道哪些国家拥有丰富的自然资源吗？

44 在渤海找天然气为什么特别难？

nián yuè zhōng guó hǎi yáng shí yóu jí tuán yǒu xiàn
2019年2月，中国海洋石油集团有限
gōng sī zài wǒ guó de bó hǎi hǎi yù tàn cè dào le yí gè tiān rán qì chǔ
公司在我国的渤海海域探测到了一个天然气储
liàng fēi cháng dà de qì tián zhè shì wǒ guó dì yī cì zài bó hǎi hǎi
量非常大的气田。这是我国第一次在渤海海
yù fā xiàn bǐ jiào dà de qì tián
域发现比较大的气田。

nǐ kě néng bù zhī dào zài bó hǎi zhǎo tiān rán qì shì fēi cháng
你可能不知道，在渤海找天然气是非常
nán de zhè zhǔ yào yǒu liǎng gè yuán yīn yī shì dì xíng tài fù
难的。这主要有两个原因：一是地形太复
zá èr shì tiān rán qì cáng de hěn shēn
杂，二是天然气藏得很深。

xiān shuō zhè lǐ de dì xíng dōng yà dì qū yǒu yì tiáo zhǔ yào
先说这里的地形。东亚地区有一条主要
de duàn liè dài zhè tiáo duàn liè dài zhèng hǎo jīng guò le bó hǎi qū
的断裂带，这条断裂带正好经过了渤海区
yù ér bó hǎi qū yù běn shēn hái cún zài hěn duō xiǎo de duàn liè
域。而渤海区域本身还存在很多小的断裂
dài zhè xiē dà dà
带。这些大大
xiǎo xiǎo de duàn liè dài
小小的断裂带
jiāo zhī zài yì qǐ
交织在一起，

bó hǎi hǎi dǐ jiù huì chū xiàn hěn duō cuò zōng fù zá de gōu hè dì
渤海海底就会出现很多错综复杂的沟壑，地

xíng fēi cháng pò suì zài zhè zhǒng dì xíng tiáo jiàn xià hǎi dǐ de
形非常破碎。在这种地形条件下，海底的

tiān rán qì hěn nán chǔ cún yīn cǐ jiù hěn nán zhǎo dào yōu zhì de tiān
天然气很难储存，因此就很难找到优质的天

rán qì chǔ cún céng
然气储存层。

chú le dì xíng fù zá bó hǎi de tiān rán qì cáng de yě tè
除了地形复杂，渤海的天然气藏得也特

bié shēn zhè cì fā xiàn de qì tián jiù cáng zài dì xià mǐ yǐ
别深。这次发现的气田就藏在地下4000米以

xià de dì fang zhè me shēn de dì xià wēn dù fēi cháng gāo néng
下的地方。这么深的地下，温度非常高，能

dá dào shè shì dù yǐ shàng zài jiā shàng yā lì tè bié dà pǔ
达到200摄氏度以上。再加上压力特别大，普

tōng gāng guǎn dào zhè lǐ dōu huì biàn de xiàng
通钢管到这里都会变得像

miàn tiáo yí yàng ruǎn zhè yàng de tiáo jiàn duì
面条一样软。这样的条件对

kān tàn shè bèi de yāo qiú fēi cháng gāo zhè
勘探设备的要求非常高，这

yě shì yǐ qián rén men zài zhè lǐ zhǎo bú dào
也是以前人们在这里找不到

qì tián de yí dà yuán yīn
气田的一大原因。

想一想

你还知道我国哪些有名的气田或者油田呢？

45 人类有没有可能在水下居住？

早在20世纪20年代，就有人提出了水下实验室的设想。此后，有些国家的科学家们真的建造了小型的水下实验室，在水下工作和居住。

比如，在1962年，法国的科学家们就在法国的马赛附近，地中海水下10米深的地方，建造了一个水下实验室，名叫“大陆架-1号”。这个实验室可以让两个人在水下连续生活7天。

到了1977年，苏联的科学家们又在水下

mǐ shēn de hǎi dǐ jiàn zào le yí gè gèng dà de shuǐ xià shí yàn
300米深的海底建造了一个更大的水下实验

shì jiào dǐ qī shēng wù hào tā kě yǐ ràng
室，叫“底栖生物-300号”。它可以让12

gè rén zài shuǐ xià lián xù shēng huó tiān
个人在水下连续生活14天。

xiàn zài shì jiè shang hái zài shǐ yòng de shuǐ xià shí yàn shì zhǐ
现在，世界上还在使用的水下实验室只

yǒu yí gè jiào bǎo píng zuò tā zài měi guó fó luó lǐ dá zhōu
有一个，叫“宝瓶座”。它在美国佛罗里达州

yí chù mǐ shēn de hǎi dǐ zhòng dūn wài guān hěn xiàng yì
一处20米深的海底，重81吨，外观很像一

sōu qián shuǐ tǐng kē xué jiā kě yǐ zài lǐ miàn cháng shí jiān tíng liú
艘潜水艇，科学家可以在里面长时间停留。

kē xué jiā zài bǎo píng zuò lǐ jìn xíng le hěn duō shí yàn
科学家在“宝瓶座”里进行了很多实验，

zhǔ yào yán jiū shān hú hǎi cǎo yú lèi děng shēng wù hé shuǐ zhì děng
主要研究珊瑚、海草、鱼类等生物和水质等

shēng tài huán jìng de biàn huà hái huì jì lù zì shēn zài hǎi dǐ shēng huó
生态环境的变化，还会记录自身在海底生活

qī jiān de shēng lǐ zhuàng kuàng
期间的生理状况。

想一想

如果以后人类真的可以在海底生活了，你愿不愿意搬到海底去呢？

46  为什么要在非洲和亚洲之间挖条河？

yùn hé shì zhǐ rén gōng wā jué ràng chuán lái wǎng de hé liú
运河是指人工挖掘，让船来往的河流。
zhí dào jīn tiān sū yī shì yùn hé réng rán shì shì jiè shang zuì fán máng
直到今天，苏伊士运河仍然是世界上最繁忙
de yùn hé zhī yī zhè shì yīn wèi tā de wèi zhì dé tiān dú hòu
的运河之一，这是因为它的位置得天独厚。

zài méi yǒu zhè tiáo yùn hé shí cóng ōu zhōu chū fā de chuán xiǎng
在没有这条运河时，从欧洲出发的船想
yào dǐ dá yà zhōu zuì kuài de fāng fǎ shì wǎng nán zǒu yì zhí zǒu dào
要抵达亚洲，最快的方法是往南走，一直走到
fēi zhōu zuì xī nán duān de hǎo wàng jiǎo rào guò fēi zhōu dà lù chuān
非洲最西南端的好望角，绕过非洲大陆，穿
guò yìn dù yáng zuì hòu cái néng dǐ dá zhōng guó děng yà zhōu guó jiā
过印度洋，最后才能抵达中国等亚洲国家。

dàn fēi zhōu dà lù hé yà zhōu dà lù zhī jiān de lián jiē chù qí
但非洲大陆和亚洲大陆之间的连接处其
shí hěn zhǎi zhǐ yào zài zhè lǐ wā yì tiáo hé lián tōng dì zhōng hǎi
实很窄，只要在这里挖一条河，连通地中海
hé hóng hǎi ràng chuán néng tōng guò jiù kě yǐ shǎo zǒu hěn duō
和红海，让船能通过，就可以少走很多
lù suǒ yǐ zài nián fǎ guó kāi shǐ pài rén zài zhè lǐ
路。所以，在1859年，法国开始派人在这里
wā yùn hé jīng guò nián de shí jiān nián yuè
挖运河。经过10年的时间，1869年11月17

rì sū yī shì yùn hé zhōng
日，苏伊士运河终
yú zhèng shì tōng háng zài
于正式通航。在
jiē xià lái de duō nián
接下来的100多年
li tā duì shì jiè mào yì chǎn shēng le hěn dà de yǐng xiǎng
里，它对世界贸易产生了很大的影响。

qǐ chū sū yī shì yùn hé hěn zhǎi lǐ miàn de chuán bù néng shuāng
起初苏伊士运河很窄，里面的船不能双
xiàng tōng xíng suǒ yǐ chuán zài yùn hé li zǒu de hěn màn jìn qiān
向通行，所以船在运河里走得很慢，近200千
mǐ de lù yào zǒu gè xiǎo shí bú guò zǒu sū yī shì
米的路要走12～16个小时。不过，走苏伊士
yùn hé jiù bú yòng rào guò zhěng gè fēi zhōu le shěng xià le
运河就不用绕过整个非洲了，省下了7000
duō qiān mǐ de lù chéng nǎ pà shì xiàn dài de chuán zǒu qiān
多千米的路程。哪怕是现代的船，走7000千
mǐ yě yào huā jiāng jìn tiān de shí jiān duō nián qián de
米也要花将近10天的时间，100多年前的
chuán yào huā de shí jiān jiù gèng duō le
船要花的时间就更多了。

想一想

你还知道哪些著名的运河呢？

47 风浪很大的海角为什么偏偏叫好望角?

hǎo wàng jiǎo hǎi yù shì shì jiè shang zuì wēi xiǎn de hǎi yù zhī
好望角海域是世界上最危险的海域之
yī nà lǐ jī hū zhōng nián yǒu dà fēng dà làng zhè me wēi xiǎn de
一，那里几乎终年有大风大浪。这么危险的
dì fang wèi shén me yào qǐ hǎo wàng jiǎo zhè ge míng zi ne
地方，为什么要起好望角这个名字呢？

qí shí hǎo wàng jiǎo yì kāi shǐ de míng zi jiào fēng bào jiǎo
其实，好望角一开始的名字叫风暴角。15
shì jì nián dài zài dāng shí pú táo yá guó wáng de wěi tuō xià
世纪80年代，在当时葡萄牙国王的委托下，
háng hǎi jiā dí yà sī shuài lǐng sān sōu fān chuán cóng pú táo yá chū
航海家迪亚斯率领三艘帆船从葡萄牙出
fā zhǔn bèi qù wǎng yìn dù zài háng xíng de guò chéng zhōng tā
发，准备去往印度。在航行的过程中，他
men zài jīn tiān de hǎo wàng jiǎo fù jìn zāo yù le fēng bào fēng bào shǐ
们在今天的好望角附近遭遇了风暴，风暴使
chuán piān lí le běn lái de lù xiàn dí yà sī rèn wéi zhǐ yào jì xù
船偏离了本来的路线。迪亚斯认为只要继续
háng xíng jiù néng dào dá yìn dù dàn zhè shí hou chuán yuán yǐ jīng
航行，就能到达印度，但这时候船员已经

dōu jīn pí lì jìn le tā men zhǐ hǎo fǎn
都筋疲力尽了，他们只好返
háng zài fǎn háng de tú zhōng dí yà sī wèi
航。在返航的途中，迪亚斯为
dāng shí zāo yù fēng bào de hǎi jiǎo qǔ le
当时遭遇风暴的海角取了
gè míng zi jiào fēng bào jiǎo
个名字，叫风暴角。

nà yòu shì shéi bǎ fēng bào jiǎo
那又是谁把风暴角
gǎi míng wéi hǎo wàng jiǎo de ne yǒu yì zhǒng shuō fǎ shì gěi fēng
改名为好望角的呢？有一种说法是，给风
bào jiǎo gǎi míng zi de shì dāng shí pài tàn xiǎn jiā qù yìn dù de pú
暴角改名字的，是当时派探险家去印度的葡
táo yá guó wáng ruò áng èr shì hǎo wàng jiǎo zhè ge míng zi dài biǎo
萄牙国王若昂二世。好望角这个名字代表
zhe měi hǎo de zhù yuàn tā xī wàng yǐ hòu de tàn xiǎn jiā kě yǐ shùn
着美好的祝愿，他希望以后的探险家可以顺
lì rào guò zhè ge wēi xiǎn de hǎi jiǎo píng ān dǐ dá dōng fāng jiù zhè
利绕过这个危险的海角，平安抵达东方。就这
yàng hǎo wàng jiǎo zhè ge míng zi yì zhí yán yòng dào le jīn tiān
样，好望角这个名字一直沿用到了今天。

想一想

你还知道哪些著名航海家的故事呢？

48

比萨斜塔为什么是斜的？

bǐ sà xié tǎ shì yì dà lì bǐ sà dà jiào táng de zhōng lóu
比萨斜塔是意大利比萨大教堂的钟楼，
guò qù rén men yì zhí yǐ wéi bǐ sà xié tǎ shì bèi gù yì shè jì chéng
过去人们一直以为比萨斜塔是被故意设计成
qīng xié de dàn qí shí bìng bú shì
倾斜的，但其实并不是。

nián bǐ sà xié tǎ kāi shǐ jiàn zào shí běn shēn de
1174年，比萨斜塔开始建造时，本身的
shè jì shì shù zhí de zhǐ shì dāng shí shè jì shī bìng méi yǒu kǎo lǜ
设计是竖直的。只是，当时设计师并没有考虑
dào tǎ xià de dì zhì qíng kuàng zhè lǐ shì gǔ dài de hǎi àn tǔ
到塔下的地质情况：这里是古代的海岸，土
céng shā huà hé xià chén yán zhòng zài jiàn dào dì sì céng de shí hou
层沙化和下沉严重。在建到第四层的时候，
jiàn zhù shī men cái fā xiàn bǐ sà xié tǎ zài xiàng nán cè qīng xié gōng
建筑师们才发现比萨斜塔在向南侧倾斜，工
chéng yīn cǐ zàn tíng
程因此暂停。

zhī hòu yīn wèi yì dà lì fā shēng le zhàn zhēng bǐ sà xié
之后，因为意大利发生了战争，比萨斜
tǎ de xiū jiàn zàn tíng le jìn yí gè shì jì děng dào zhàn zhēng jié
塔的修建暂停了近一个世纪。等到战争结
shù zhè ge gōng chéng chóng xīn kāi shǐ de shí hou jiàn zhù shī
束，这个工程重新开始的时候，建筑师

xiǎng le gè bàn fǎ bǎ bǐ sà xié tǎ de nán cè jiàn de bǐ běi cè gāo
想了个办法，把比萨斜塔的南侧建得比北侧高
yì xiē xī wàng néng xiū zhèng tǎ shēn de qīng xié méi xiǎng dào
一些，希望能修正塔身的倾斜。没想到，
gèng duō de zhuān shí dài lái de é wài zhòng liàng fǎn ér ràng nán cè
更多的砖石带来的额外重量，反而让南侧
xià chén de gèng lì hai le
下沉得更厉害了。

dào le shì jì tǎ shēn chū
到了19世纪，塔身出
xiàn liǎo bù míng yuán yīn de jìn yí bù qīng
现了不明原因的进一步倾
xié zuì zhōng tōng guò cóng xià fāng chōu
斜，最终通过从下方抽
qǔ shā tǔ bìng zài tǎ de běi cè tiān jiā
取沙土，并在塔的北侧添加
pèi zhòng de fāng fǎ cái ràng tā de qīng
配重的方法才让它的倾
xié chéng dù yǒu suǒ gǎi shàn suǒ yǐ
斜程度有所改善。所以，
bǐ sà xié tǎ de qīng xié bìng bú shì gù
比萨斜塔的倾斜并不是故
yì shè jì de
意设计的。

想一想

除了比萨斜塔，你还知道哪些著名的塔呢？

49 人类是怎样知道深海鱼长什么样的？

shēn hǎi li shuǐ yā jí gāo shuǐ wēn jí dī hái yì tuán qī
深海里水压极高，水温极低，还一团漆
hēi zhè yàng è liè de huán jìng rén lèi zěn me xià dào hǎi dǐ
黑，这样恶劣的环境，人类怎么下到海底，
yòu zěn me zhī dào shēn hǎi li de dòng wù zhǎng shén me yàng ne
又怎么知道深海里的动物长什么样呢？

yǒu yí wèi zì rán xué jiā jiào wēi lián bì bǐ tā wèi le
有一位自然学家，叫威廉·毕比。他为了
zuò yán jiū jīng cháng bǔ lāo shēn hǎi li de yú dàn shì lāo shàng lái
做研究经常捕捞深海里的鱼，但是捞上来
de shēn hǎi yú dōu sǐ diào le kàn bù chū yuán lái de yàng zi zěn
的深海鱼都死掉了，看不出原来的样子。怎
me bàn ne
么办呢？

nián yí wèi jiào bā dùn de gōng
1930年，一位叫巴顿的工
chéng shī gěi bì bǐ zào le yí gè qián shuǐ qiú
程师给毕比造了一个潜水球，
bāng tā jiě jué le wèn tí qián shuǐ qiú yòng
帮他解决了问题。潜水球用
gāng zhù chéng bì hòu lí mǐ lǐ miàn
钢铸成，壁厚3.8厘米，里面
zhí jìng mǐ miǎn qiǎng zhuāng de xià liǎng
直径1.37米，勉强装得下两
gè rén hái tè yì yòng jiā hòu de shí yīng bō
个人，还特意用加厚的石英玻

li kāi le yí gè zhí jìng lí mǐ de
璃，开了一个直径20厘米的

guān chá chuāng tóng nián bì bǐ gēn bā dùn
观察窗。同年，毕比跟巴顿

dào le bǎi mù dà qún dǎo zuān jìn qián shuǐ
到了百慕大群岛，钻进潜水

qiú bìng ràng zhù shǒu men yòng jiǎo liàn bǎ qián
球，并让助手们用铰链把潜

shuǐ qiú diào rù shēn hǎi zhōng tòu guò guān chá
水球吊入深海中。透过观察

chuāng rén lèi dì yī cì qīn yǎn kàn dào le shēn hǎi de jǐng sè
窗，人类第一次亲眼看到了深海的景色。

bì bǐ hé bā dùn kàn dào le hěn duō xī qí de yú dàn shì
毕比和巴顿看到了很多稀奇的鱼。但是，

dāng shí de zhào xiàng jì shù hái bù chéng shú bù néng bǎ shēn hǎi li
当时的照相技术还不成熟，不能把深海里

de yú pāi shè xià lái yú shì tā men zài qián shuǐ qiú shang lián le
的鱼拍摄下来。于是，他们在潜水球上连了

yì gēn diàn huà xiàn kàn dào xī qí de yú bì bǐ jiù dǎ diàn huà xiàng
一根电话线，看到稀奇的鱼，毕比就打电话向

chuán shang de zhù shǒu miáo shù ràng tā men jì lù xià lái fú shàng shuǐ
船上的助手描述，让他们记录下来。浮上水

miàn zhī hòu bì bǐ yì biān kàn zhù shǒu de jì lù yì biān huí yì
面之后，毕比一边看助手的记录，一边回忆，

rán hòu ràng huà jiā bǎ zhè xiē zhǎng xiàng qí tè de yú huà chū lái
然后让画家把这些长相奇特的鱼画出来。

想一想

你知道深海里有哪些长相奇特的动物吗？

50 有人一年会用两种时间？

2019年3月26日，欧洲议会通过投票，决定从2021年4月起，废除现在用的冬、夏令时转换制。

冬、夏令时转换指的是人们会用两种时间：欧盟各国在每年3月的最后一个星期日会把时钟拨快1小时，实行夏令时；而到了10月最后一个星期日，就会把时钟再往回拨1小时，恢复冬令时。

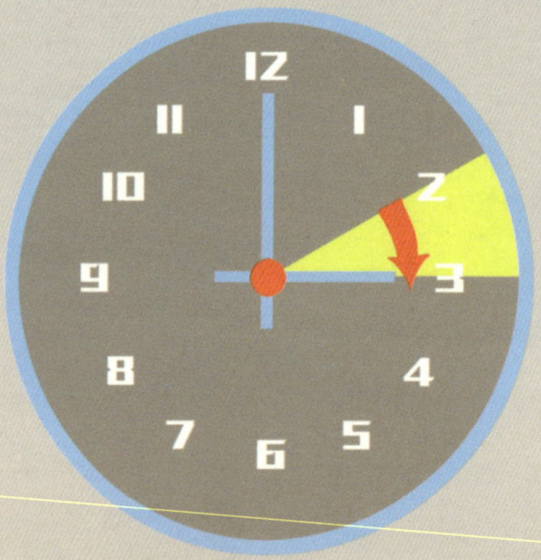

人们最开始提出夏令时时，觉得这样可以节能。在夏天，比标准时间提早1小时，人们就会比平时早起1小时，会提早

xiǎo shí wán chéng rì cháng gōng zuò
1小时完成日常工作，
yě néng zài gōng zuò jié shù hòu duō chū
也能在工作结束后多出1
xiǎo shí rú guǒ kě néng de huà hái néng
小时，如果可能的话，还能
zǎo xiǎo shí xiū xi kě yǐ jiǎn shǎo zhào míng xū qiú jié yuē néng
早1小时休息，可以减少照明需求，节约能
yuán zhè yàng rì jī yuè lěi jiù kě yǐ dà dà de jiǎn shǎo néng yuán
源。这样日积月累，就可以大大地减少能源
xiāo hào
消耗。

nà wèi shén me yòu yào fèi chú dōng xià lìng shí zhuǎn huàn zhì
那为什么又要废除冬、夏令时转换制
ne zhè zhǔ yào shì yīn wèi shǐ yòng xià lìng shí hòu rén men měi
呢？这主要是因为，使用夏令时后，人们每
nián néng jié yuē de néng yuán qí shí bìng bù duō méi yǒu dá dào yù
年能节约的能源其实并不多，没有达到预
qī de xiào guǒ fǎn ér yǒu hěn duō rén de shēng wù zhōng bèi dǎ luàn
期的效果，反而有很多人的生物钟被打乱，
yǐng xiǎng le shēn tǐ jiàn kāng
影响了身体健康。

想一想

现在还有哪些国家在使用夏令时吗？

你知道下面的建筑位于或属于哪个国家吗？

下面的建筑在世界上都有一定的知名度哟，你知道它们都位于或属于哪个国家吗？请你画线把国家和对应的建筑连起来吧。

中国
海文大桥

意大利
比萨斜塔

迪拜
帆船酒店

英国
伦敦塔桥

中国
南极泰山站主体建筑